ESSAI

D'UN

DICTIONNAIRE HISTORIQUE

DE LA

LANGUE FRANÇAISE.

IMPRIMÉ PAR NOEL ET C.ie A EPERNAY.

ESSAI

D'UN

DICTIONNAIRE

HISTORIQUE

DE LA

LANGUE FRANÇAISE.

PARIS

TECHENER, 12, PLACE DU LOUVRE

M DCCC XLVII.

DISCOURS PRELIMINAIRE [1].

Voici les premières feuilles d'un gros volume, et dès aujourd'hui j'en ferois imprimer un plus grand nombre si je n'avois appris que l'Académie française elle-même prépare en ce moment l'histoire de tous les mots qui appartiennent à notre langue. Cette bonne nouvelle m'est arrivée trop tard ; autrement, comme on le devine, je n'aurois pas ecrit un livre menacé de perdre, peu de temps après sa naissance, tout l'intérêt qu'on pourra d'abord être tenté de lui accorder. Je n'aurois pas même hésité à jeter au feu ce qu'on va lire et tout ce que j'ai écrit sur ces matières difficiles, si je n'avois mis une sorte de confiance dans la lenteur de tous les grands travaux en général, et de ceux des compagnies littéraires en particulier. Je me suis aussi bercé de l'espoir d'avoir traité plusieurs points de grammaire comme le fera ou l'a déjà fait l'Académie. Enfin, ayant pris très-souvent plaisir à rechercher les anciens monumens de notre littérature, j'ai pensé que des observations fondées sur cette etude, jusqu'à présent assez négligée, ne seroient pas inutiles à tout le monde et pourroient être accueillies, sinon avec faveur, au moins avec une sorte de curiosité.

Les arbitres du bon et mauvais usage de notre langue, auxquels j'adresse avec crainte ce foible essai, s'etonneront peut-être d'y trouver des réclamations vives et fréquentes contre la nouvelle edition du Dictionnaire de l'Académie. Je les prie de considérer que ce dictionnaire ne donne pas le dernier mot de l'il-

---

[1] Ce Discours a eté lu à l'Académie des Inscriptions et Belles-Lettres, dans la séance du 11 décembre 1846.

lustre compagnie, et qu'on doit y chercher le dénombrement plutôt que l'apologie de toutes nos façons de parler. Dans le grand monument qui nous est promis, on verra plus d'une fois l'Académie porter sa critique sur les acceptions dont elle a dû jusqu'à présent se borner à constater l'usage. Pourquoi d'ailleurs ne pas le dire ? Centre de la belle littérature et modèle de la bonne élocution, l'Académie tient beaucoup aux traditions que son autorité a consacrées, et ne saisit pas volontiers de nouveaux points de vues dans les régions grammaticales. Avant de modifier l'*état civil* d'un mot, elle n'est pas fâchée d'être devancée par une sorte d'*instruction* préparatoire qui lui donne le temps de peser la valeur des objections et la force des exemples. Comme à la guerre, les avant-postes sont donc ici d'un grand secours. Dans les premiers jours de l'Académie, il est arrivé que plus d'une excellente définition fut rejetée, parce qu'on accusoit le pauvre Furetière d'en être le rédacteur ; mais si quelque enfant perdu de la presse en avoit fait d'abord ressortir les avantages, le mot eût eté accueilli par tous les académiciens, juges excellens, tout le monde en conviendra, de la pureté du style et du mérite des ouvrages, dès qu'on n'a plus à craindre d'eux le moindre entraînement dans la sphère de nos petites passions humaines.

Il n'est pas aisé de saisir la langue française dans son origine, dans ses transformations, dans les nombreux incidens de son histoire. Voilà pourquoi, malgré l'attrait que présentent les recherches philologiques, on ne l'a jamais etudiée d'une manière absolue, générale. Ce n'est pas que nous manquions de bons vocabulaires et de grammairiens recommandables ; il y auroit de l'ingratitude à contester le rare mérite du Dictionnaire français-latin de Robert Estienne, dont on a plus tard reporté l'honneur sur les editions foiblement augmentées de Jean Nicot : Richelet et Furetière ont aussi fait preuve d'une savante et laborieuse sagacité [1] : les arrêts portés par les Vaugelas, les Ménage et les Bouhours

---

[1] Furetière doit être mis au premier rang des auteurs malheureux. Il fut chassé de l'Académie pour le seul crime d'avoir voulu gagner de vitesse ses confrères en composant un immense dictionnaire. Son livre, proscrit en France, fut péniblement imprimé en Hollande ; Furetière ne le vit pas paroître, un trop juste ressentiment ayant beaucoup abrégé ses jours. Le refugié Basnage en a donné une seconde edition qu'on doit rechercher ; puis l'ouvrage reparut sous les auspices d'une compagnie religieuse longtemps accueillie par la faveur publique. La 1re edition du Dictionnaire dit de Trévoux est donc la 3e du Dictionnaire de Furetière, qui eut ainsi l'influence la plus décisive sur l'etude de la langue française. L'exil, la pauvreté, les humiliations de tout genre furent la seule récompense de tant de veilles. N'est-il pas vrai qu'aujourd'hui le plus beau sujet de prix seroit un Discours sur la vie et les ouvrages de Furetière ?

sur le bon et le mauvais emploi d'un petit nombre de locutions, ont le double avantage d'être excellemment ecrits et solidement pensés : enfin, de notre temps, on ne doit guère accorder moins d'autorité aux observations grammaticales de MM. Feydel, Legoarant et Francis Wey. Mais tous ces habiles critiques estiment la valeur des mots à la mesure de leur goût, ou du moins ils se contentent d'invoquer, à l'appui de leur jugement, des exemples récens et pour ainsi dire immédiats. Si l'on excepte un livre publié nouvellement *sur les Variations du langage français*, et la polémique dont ce livre est devenu l'occasion, nos linguistes ont toujours pensé que, pour décider de la bonne acception des mots, il etoit parfaitement inutile de remonter aux sources de la langue. A peine si, dans leurs décisions, ils reconnoissent l'influence des révolutions sociales, et s'ils veulent bien constater ce que les terrains précédemment parcourus ont apporté d'elémens nouveaux et de nuances inattendues dans les flots qui coulent devant nos yeux. D'après eux, l'histoire de notre langue commenceroit au règne de François Ier, et l'on ne doit s'attendre à trouver au-delà qu'un idiome informe, tour à tour nourri des miettes quemandées à l'Allemagne, à l'Espagne, à l'Italie. Voltaire lui-même, ce merveilleux flambeau, n'a-t-il pas cru découvrir que nous baragouinions un jargon, enfant demi-formé des Goths et des Normands? Aujourd'hui, nous connoissons mieux, sans doute, et nous apprécions plus justement les productions de notre vieille littérature ; nous convenons volontiers que longtemps avant Malherbe nous avions de fort bons poëtes, et longtemps avant Villon des romanciers assez habiles ; mais nous manquons cependant d'un travail approfondi sur l'origine des mots consacrés, sur la date de leur introduction, sur leurs acceptions diverses, sur l'idée qu'ils rappeloient autrefois et sur l'idée qu'ils expriment aujourd'hui. C'est un livre de cette nature que j'avois eu la hardiesse d'entreprendre, et dont il ne sauroit être réservé qu'à l'Académie française de doter un jour la France.

Afin de conserver à ce livre le caractère de précision et de netteté qui doit appartenir à tout ce qu'on ecrit et ce qu'on dit dans notre pays, il sembleroit à propos de ne pas commencer l'histoire des mots français au-delà de leur origine immédiate. *Dieu* venant du latin *Deus,* il ne faudroit pas s'embarrasser l'esprit d'autres recherches, pour découvrir si les Latins le reçurent des Grecs, et ceux-ci des Hébreux, des Indiens ou des Egyptiens. Depuis la grande epreuve philosophique du xviiie siècle, on se défie de tous les efforts entrepris pour ar-

river à l'origine des choses ; et c'est principalement quand on veut suivre la piste
des mots jusqu'à leurs premières emanations qu'on est menacé de heurter contre
la tour de Babel. Gardons-nous donc bien d'embrasser l'histoire générale de la
parole humaine dans un ouvrage qui doit être consacré particulièrement à l'histoire de la langue française ; pour la vie la plus studieuse, la dernière tâche est
encore assez longue.

Cette langue est née de l'elocution latine, tout le monde en convient. Une
accentuation différente, fondée sur les habitudes d'un idiome antérieur, pro-
duisit, à une époque assez rapprochée de la conquête romaine, le dialecte italien,
le dialecte espagnol, le dialecte gallo-franc, ou français. Dante, vers les premières années du xiv⁰ siècle, distinguoit ces trois dialectes en langue de *si*, langue
d'*oc* et langue d'*oui* (ou d'*oil*). Ces monosyllabes représentent en effet trois
mots latins dont l'acception est parfaitement identique. si est la prononciation
moderne de la particule *sic ;* oil celle d'*illud ;* oc celle de *hoc.* Et par cet exemple,
décisif puisqu'il exprima toujours la séparation des trois dialectes romans, on
voit déjà qu'ils sont unis en même temps par un lien fraternel et qu'ils dérivent
tous les trois directement de la langue latine, leur mère légitime.

Pour arriver à comprendre l'avénement de ces langues néo-latines, il faut admettre que le peuple romain dans le Forum, et à plus forte raison les populations provinciales, ne respectoient pas toutes les règles de la syntaxe enseignée
par les rhéteurs et justifiée par les ecrits des Cicéron, des Salluste et des Virgile.
En quoi différoit, dans les beaux âges de la latinité, la langue parlée de la langue ecrite ou pompeusement déclamée ? voilà ce qu'on ne sauroit evaluer aujour-
d'hui. Seulement, d'après quelques inscriptions tracées par des citoyens assez
mauvais elèves des grammairiens d'Athènes et de Marseille, les unes antérieures
à l'ère impériale, les autres contemporaines des Dèce et des Dioclétien, on peut,
dès ces temps-là, constater l'usage commun de substituer aux *chutes* ou changemens accidentels de désinence dans les noms et dans les verbes, un plus fréquent
emploi des prépositions et des pronoms. Ces prépositions, ces pronoms, apparte-
noient moins peut-être à la pure elocution que les désinences accidentelles ; mais
on en préféroit l'usage dans le discours tempéré, pour suppléer à la mollesse qu'on
mettoit à prononcer les désinences ailleurs que dans les vers ou les harangues pom-
peuses.

Et cette pente une fois tracée devint chaque jour plus sensible, jusqu'à ce qu'enfin les langues néo-latines sortirent tout armées, qu'on me passe cette expression ambitieuse, du front de Jupiter Capitolin. Les légions romaines les apportèrent aux Toscans, aux Gaulois, aux Espagnols; ceux-ci les adoptèrent comme une sorte de consécration de toutes les idées que l'influence romaine faisoit pénétrer dans leur intelligence. Mais ils gardèrent quelques expressions qui leur etoient chères ou qui répondoient mieux à ce qu'ils vouloient faire entendre. Et, d'un autre côté, l'accent propre aux soldats ou colons romains se trouva modifié dans leur bouche, même en dépit de leurs efforts et comme on vient de le dire, d'après les souvenirs invétérés de l'idiome dont ils s'etoient volontairement détachés.

Quand on la rapprochait des langues tudesque, arabe ou celtique, cette nouvelle elocution romaine des Espagnols, des Toscans et des Francs n'etoit pas distinguée de la langue latine : dans ses rapports avec les livres de grammaire ou de littérature, les emules des anciens rhéteurs la désignèrent comme langue *romaine vulgaire, rude* ou *rustique*. Mais c'est à partir seulement du jour où l'on se hasarda à l'ecrire et à lui reconnoître les conditions d'un idiome régulier et grammatical, qu'on se contenta de l'appeler simplement *romane*, et qu'il fut estimé possible de traduire en romain ou *roman* 'es livres *latins*.

Les plus anciennes phrases qu'on ait retrouvées jusqu'à présent de la langue latine rustique appartiennent au dialecte espagnol, adopté dans toute la partie méridionale des Gaules. C'est le fameux serment prononcé par Charles le Chauve, comme roi de Bourgogne, en son nom et au nom de ses guerriers, qui tous habitoient les provinces situées au-delà de la Loire. Il est de l'année 842; toutefois, ce n'est pas, à proprement parler, une œuvre littéraire. Les premières lignes dignes de ce nom sont, dans la même langue d'*oc*, un fragment de Boèce, et dans la langue d'*oui*, une hymne de sainte Eulalie, dernièrement publiée en Belgique, et qui ne doit pas être moins ancienne. L'*hymne* et le *Boèce* témoignent de l'etat des deux langues au xie siècle, et du plein usage où l'on etoit alors de faire des vers en français. Mais avant que deux moines obscurs s'avisassent de les composer, il existoit nécessairement d'autres ouvrages d'un intérêt plus réel. Telles etoient les *Chansons d'avanture* ou *de gestes*, qui, pendant plusieurs siècles, tinrent à nos Français lieu de toute histoire et pour ainsi dire de toute littérature.

C'etoit le dernier echo dés traditions historiques et poétiques transportées par les Francs chez les Gallo-Romains; car il est assez naturel de penser que les bardes germains n'avoient pas tardé à prendre la langue *romaine* pour interprète de leurs vieilles légendes aussi bien que de leurs idées nouvelles. Ils chantèrent donc en *français* ce que leurs pères avoient chanté en *thiois;* puis quand l'empereur Charlemagne vit les souvenirs nationaux menacés de perdre ainsi leur forme originale, il ordonna de les placer sous la sauvegarde de l'ecriture. Par malheur il etoit déjà trop tard : les Francs etoient devenus Romains, et le recueil de vers allemands formé sous les yeux de Charlemagne se perdit avant qu'un seul copiste prit soin de le reproduire.

Ces premières chansons néo-latines ou françaises durent conserver quelque chose de la précédente forme barbare, par exemple la division en couplets inégaux de vers assonans. Les Gestes des *Lorrains,* d'*Auberi le Bourgoin,* d'*Ogier le Danois* et de *Renaud de Montauban* semblent ainsi venues des forêts de la Germanie. Mais bientôt, aux anciens souvenirs les ménétriers ajoutèrent d'autres récits empruntés à l'histoire des temps plus rapprochés : sous le nom des héros consacrés, ils retracèrent l s faits nouvellement accomplis; ou bien, actes et personnages contemporains, ils réfléchirent tout dans leur miroir poétique. Pendant même que les uns donnoient la préférence soit aux souvenirs de la Germanie, soit aux incidens de l'histoire de chaque jour, d'autres allèrent interroger les livres saints et les ecrivains de l'antiquité, pour rapporter de cette etude les Gestes d'Alexandre le Grand, de Judas Machabée et de Julius César. Habile à tirer d'agréables sons d'un instrument grossier, le jongleur se multiplioit dans les comtés, les baronies; après un instant de prélude, il promettoit au cercle des auditeurs un beau récit des plus anciens ou des plus nouveaux, et si l'attention etoit vivement captivée, il s'arrêtoit avec complaisance aux couplets le mieux accueillis, il en varioit l'expression, il en répétoit le fonds sur d'autres rimes.

Dans ces premiers âges littéraires, l'art du déclamateur ou jongleur se confondoit ainsi le plus souvent avec l'art du poëte ou trouveur. Les *gestes* même furent chantées longtemps avant qu'on s'avisât d'en rechercher les manuscrits. La raison en etoit bien simple : de Charlemagne à Louis le Gros, le nombre des lecteurs etoit fort rare, et plus rare encore le nombre de ceux qui savoient ecrire. Aujourd'hui nous sourions de pitié à l'idée de cette merveilleuse ignorance : l'ecriture etant une des bases fondamentales de notre société, nous ne comprenons pas une civilisation provignée sur d'autres racines; cependant, nos ancêtres, engagés dans une voie que nos regards ne peuvent mesurer, et doués naturellement de facultés analogues à celles dont nous nous glorifions aujourd'hui, distinguoient peut-être des points de vue et des horisons aujourd'hui fermés à notre intelligence et même interdits à notre imagination. Quoi qu'il en soit, avant la première croisade, tout Français *mis aux lettres* dans son enfance devoit choisir entre la couronne de moine ou l'etole de prêtre. Il est vrai que la porte du sacerdoce et des abbayes s'ouvroit très-large, et que les désordres des clercs ne scandalisoient pas plus que les désordres des gens du monde. A péchés égaux, Dieu, pensoit-on, devoit après tout autant d'indulgence à ceux qui, chaque jour, ne manquoient pas de psalmodier pour les autres comme pour eux-mêmes ; mais quant au reste de la nation, c'est-à-dire, aux chevaliers et aux vilains, il leur suffisoit de savoir manier l'epée ou la charrue. Ils semoient et combattoient pour les clercs ; les clercs ecrivoient et lisoient pour eux.

Cependant une autre tribu partageoit avec les gens d'eglise le privilége d'agir sur l'imagination, le cœur et la passion des gens du monde. Je veux parler des jongleurs qui, le plus souvent, etoient des clercs détournés de leur première vocation par un goût trop prononcé de libertinage, et qu'on désignoit volontiers pour cela sous le nom de *mauclers*. De leur séjour dans les ecoles episcopales ou monastiques, ils avoient retiré la science de la lecture et de l'ecriture : ils en profitoient pour apprendre ou même composer de grands poëmes. On les recevoit alors avec plaisir dans les châteaux, on les accueilloit avec intérêt dans les fêtes publiques. Ils etoient les hérauts et les historiens de toutes les pompes de la chevalerie : ils inauguroient, pour ainsi dire, l'investiture ou l'*adoubement* des hommes d'armes ; ils transmettoient la mémoire des tournois, des pèlerinages et des querelles féodales. Ainsi, pour suppléer à l'ignorance que sembloit commander l'exercice constant de l'art militaire, les barons avoient des chapelains pour lire et ecrire leurs lettres, des ménétriers pour alimenter chez leurs enfans la passion des armes et pour garder l'honneur de la famille. Chez les Francs, l'orgueil des ancêtres ayant toujours été comme indomptable, de la description des ornemens tracés sur les boucliers l'art des jongleurs fit une langue particulière, celle du blason, que nous ne sommes pas encore bien décidés à désapprendre : sur ce point, j'en appelle au sentiment des lecteurs.

Nous comprenons difficilement comment ces jongleurs avoient choisi pour la grande poésie populaire un rhythme lourd et monotone, et comment leurs auditeurs pouvoient supporter tous ces longs couplets tombant sur la même assonance. Essayons de les justifier. Quant au rhythme, il fut d'abord chez eux plus libre et plus rapide que chez les rapsodes grecs, allemands, indiens : c'etoit un vers de cinq pieds, marquant l'hémistiche à la quatrième syllabe et permettant l'addition de deux syllabes muettes, l'une à l'hémistiche, l'autre à l'assonance. Le poëte, avant l'epoque où ses chants furent ecrits, pouvoit allonger ou diminuer les mots, modifier leur dernière syllabe et, suivant les besoins du moment, faire parler la voyelle muette ou réduire au silence la consonne finale. Pour l'assonance elle-même, elle ne devint lourde et pénible qu'à partir du jour où l'ou s'avisa de la perfectionner : quand les Gestes etoient seulement déclamées, quand personne ne sachant lire personne ne songeoit à demander le livret ou manuscrit, durant cet âge d'or de la *ménestraudie*, on n'exigeoit pas une grande régularité dans la facture des vers; que le récit fût agréable, que la mesure ne blessât pas des oreilles essentiellement indulgentes, l'œuvre etoit exécutée dans les règles. La rime exacte est née de l'usage de lire, et avant l'introduction de cet usage, la libre assouance des Chansons de gestes offroit au trouvère des ressources qu'on eût alors vainement demandées à tout autre système métrique. Cela est si vrai, qu'encore aujourd'hui les récits burlesques composés par nos paysans dans plusieurs provinces à l'epoque joyeuse du carnaval, affectent la forme des gestes primitives; et c'est en couplets assonans d'une longueur indéterminée que sont livrées à l'hilarité publique les mésaventures des maris battus par leurs femmes ou soupçonnés de n'avoir pas eu le grand art de les rendre fidèles.

Les Chansons de geste en vers assonans sont nos plus anciens monumens littéraires et marquent la Première Epoque de la langue française. Composées bien avant le xiiie siècle, pour le plus grand nombre, elles n'ont d'autre garantie d'authenticité qu'une tradition orale nécessairement incomplète; il va donc sans dire que les manuscrits que nous en conservons, dus à des copistes contemporains de Philippe-Auguste ou de saint Louis, ne représentent pas la véritable date de la rédaction primitive. C'est pourtant quelque chose de posséder des textes du xiie siècle; et tels qu'ils sont, ces manuscrits doivent paroître d'un prix inestimable. En attendant qu'ils passent de la bibliothèque des curieux dans celle de toutes les classes de littérateurs, nous les recommandons à l'attention particulière des philologues; car tous les mots admis dans ces vénérables monumens de nos temps héroïques doivent être, par cela seul qu'on les y trouve, proclamés mots français de toute ancienneté, et pour ainsi dire nobles de race, comme etoient les premiers ancêtres des Chatillon ou des Montmorency.

La Deuxième Epoque commence au règne de Philippe - Auguste. Il ne con-

viendroit pas d'examiner ici les chefs-d'œuvre littéraires du xɪɪɪᵉ siècle ; con-
tentons-nous d'indiquer rapidement leur influence générale sur le langage. Grâce
à l'Université de Paris, déjà toute-puissante , l'etude et même la science débor-
dèrent de l'Eglise dans les Châteaux, dans les Communes. Le talent de lire fut
tenu pour honorable, bientôt même celui de composer des vers. Les hauts barons s'exercèrent à l'imitation des chansons galantes ou satyriques de la Provence,
et ces ouvrages etant de courte haleine, on voulut opposer à la facilité de les
achever la difficulté de les bien ecrire. On exigea donc une certaine grâce , une
certaine nouveauté dans les mesures et dans les assonances, de la variété dans
le rhythme, du naturel dans les refrains : et comme les rimes françaises etoient,
pour la première fois, soumises au jugement sévère des yeux, il fallut comprendre le style parmi les elémens de l'art de composer. Cependant, que devenoient
les anciennes *Chansons de geste*, ces epopées d'un siècle moins poli, en présence de tous ces volumes transcrits avec soin et rimés avec recherche ? Comment la délicatesse récente pouvoit-elle s'accommoder de la vieille versification,
si commode, si indulgente ! Les *Gestes* furent donc laissées à l'admiration du
peuple qui leur demeura fidèle, et les jouvenceaux raillèrent les jongleurs qui les
récitoient, comme de nos jours on a raillé les admirateurs de Jean-Baptiste Rousseau. Mais en dépit des efforts de tous les nouveaux poëtes, ces *romantiques* du
xɪɪɪᵉ siècle ; en dépit même, il faut le dire, du frissonnement des oreilles, les vieux
chants epiques ne cessèrent pas d'intéresser ; une nouvelle ecole de trouveurs se
forma même sur la ruine des premiers, avec la mission de remettre en meilleurs
vers les Gestes que les simples bonnes gens s'obstinoient à redemander.

On doit à cette réforme un grand nombre d'epopées de seconde main : je me
contenterai d'en rappeler une seule. Richard le Pèlerin, compagnon de Godefroi
de Bouillon, avoit composé, dans le commencement du xɪɪᵉ siècle, la *Geste d'An-*
tioche, récit véridique de la première croisade : les vers de Richard ne pou-
vant trouver grâce devant la délicatesse du siècle suivant ; un nouveau trouvère,
Graindor de Douai, se chargea de remettre son poëme en vers réguliers et en
rimes exactes. Par bonheur, le remaniement n'a pas fait tout perdre de l'œuvre
originale, et quelques fragmens echappés à la bonne volonté de Graindor, forment encore aujourd'hui les derniers couplets de cette belle Chanson d'Antioche.
Rapprochés des autres couplets, ils offrent la réunion de la langue et de la
poésie de deux siècles ; mais il faut avouer que le style de Graindor peut seul
aujourd'hui présenter une sorte de lecture agréable. D'ailleurs, l'ancienne forme

epique avoit des avantages incomparables, et la nouvelle des défauts qu'on ne
tarda pas à reconnoître. Plus on voulut satisfaire les yeux, moins on se préoccupa
d'intéresser l'âme. Un petit nombre de vers bien rimés flattoient l'oreille ; leur
régularité prolongée la fatigua bien vite, et l'ennui naquit d'autant plus naturellement, qu'en faveur de la symétrie on avoit remplacé le vers de dix syllabes par
l'alexandrin, coupé en deux compartimens egaux. Il etoit donc ecrit que l'a-
lexandrin seroit toujours fatal à notre epopée nationale, et que les Français lui
devroient le méchant renom de *n'avoir pas la tête epique*. Cependant, le peuple
n'a pas encore entièrement oublié ses vieux héros chevaleresques, grâce aux gros-
sières transformations de la Bibliothèque Bleue et des imprimeries de Troyes,
d'Épinal et de Montbelliart.

L'histoire commence à briller quand se perdent les dernières lueurs des chants
epiques. Les chroniqueurs s'élèvent chez nous à l'instant même où les hérauts et
faiseurs de Chansons de geste tombent dans le discrédit. Il en fut de la prose
française comme de l'imprimerie : du premier elan, elle approcha de la perfec-
tion, et dans les littératures anciennes, il n'y a peut-être rien de préférable au
style de Villehardouin et des romans de la Table-Ronde. Notre langue est alors,
il est vrai, presque entièrement privée de la ressource que lui offrit plus tard
l'heureux emploi des participes ; son allure a par conséquent moins de pompe et
de flexibilité : mais elle rachète cette pénurie par un beau cachet de naturel et
par cette expression limpide de pensées gracieuses et de sentimens vrais qu'on
appelle la naïveté. Tout ce que nous lisons dans les prosateurs du x111ᵉ siècle
semble un fidèle echo de la langue parlée, avant qu'elle n'eût été modifiée par l'influence malencontreuse des savans, gens habiles dans tous les temps à compri-
mer les idiotismes de la conversation sous l'indigeste souvenir des langues mor-
tes. Mais une source d'clégance particulière à la romane du x111ᵉ siècle, c'est
la distinction marquée du *sujet* et du *régime* dans les *noms* et les *articles*, distinction qui donnoit à la construction des phrases une plus grande variété sans
nuire à la clarté, cette première loi de l'elocution française [1]. Dans un très-

---

[1] Ainsi, pour l'article latin *ille — illum — illi — illos*, le roman vouloit *li — le — li — les* ; et com-
biné avec les accidens du nom, il présentoit avec plus de simplicité tous les avantages de la déclinaison latine. Donnons pour exemple ce mot *le chant* (cantus) :

  Nom. sing. *li chans.*   Acc. sing. *le chant.*
  Nom. plur. *li chant.*   Acc. plur. *lés chans.*

Dans le premier cas, l'article distingue le ncminatif singulier de l'accusatif pluriel ; dans le second,

grand nombre de mots, la forme du sujet différoit même de la forme du régime,
et la langue poétique tenoit en réserve des ressources dont elle est aujourd'hui
privée. Ainsi *fiex*, *Diex*, *pel*, *chapel*, sujets ou nominatifs, fournissoient les régimes fieu, Dieu, peau, chapeau. Et tandis que les nominatifs latins *comes*, *cor-
vus*, *rigidus*, *infans*, *meus*, *mundus*, donnoient les sujets : coens, — corbe, —
rois, — enfes, — mes, — mons ; l'accusatif latin des mêmes mots etoit remplacé : *comitem* par comte, *corvum* par corbeau, *rigidum* par roide, *infantem* par
enfant, *meum* par mon, *mundum* par monde. De ces beaux vestiges de la langue-
mère provenoient encore une autre foule de diminutifs gracieux, comme les régimes *Phelipon*, *Begon*, *Conon*, *Guion*, *Charlon*, *Baron*, etc., etc. En général on
peut citer la syntaxe du xiiiᵉ siècle comme un modèle de précision et de régularité.
Mais elle devoit subir des modifications graves, fondamentales et que nous serions
tentés de regretter si, pour les justifier, on n'avoit les innombrables chefs-d'œuvre
de la littérature française au xviiᵉ siècle et au xviiiᵉ. Cette révolution marque
la Troisième Époque de notre langue : il faut essayer de bien indiquer en quoi
elle consiste.

Avant que les dialectes néo-latins fussent ecrits, la distinction du sujet et du
régime dans les noms, dans les pronoms et dans les adjectifs, n'etoit guères marquée que par les inflexions de la voix ; c'etoit un artifice d'accentuation avant de
pouvoir être une modification orthographique. Or, rien n'est difficile à transmet-
tre comme l'usage et même la théorie des accens ; on l'a déjà vu par la manière
dont nous avons expliqué la formation des trois grands dialectes néo-latins. Les
Normands, qui avoient abandonné si facilement leur idiome germanique en venant
habiter au milieu de populations mieux civilisées, ne purent donc jamais se plier

l'article distingue le nominatif pluriel de l'accusatif singulier ; dans le troisième, l'article distingue
l'accusatif singulier du nominatif pluriel ; dans le quatrième, enfin, l'article distingue l'accusatif pluriel du nominatif singulier. Et cette combinaison est d'autant plus heureuse qu'elle ne fut pas médi-
tée et qu'elle s'etoit naturellement présentée à tout le monde en France, pour obéir à ce besoin
de clarté dans l'elocution, plus grand chez nous qu'il ne fut jamais à Rome ni même à Athènes. Ajoutons que nos vieux auteurs réservent l'emploi de l'article et des pronoms personnels pour les occa-
sions où leur présence peut ajouter à la phrase un complément nécessaire ; qu'ainsi, ils ne disent pas
ma sœur, *mon frère*, *j'ai conçu le désir*, etc. ; mais, *sœur*, *frere*, *désir ai pris*, etc. Jusqu'au xviiᵉ
siècle, La Fontaine et Jean-Baptiste Rousseau ont maintenu religieusement quelques-unes de ces dernières formes, appellées *marotiques* du nom du dernier poëte qui, les ayant encore trouvées dans
l'usage commun, n'avoit pas dédaigné de les conserver dans ses vers. Elles datent, comme on voit,
d'une plus ancienne et meilleure epoque.

entièrement à cette accentuation grammaticale, dont l'utilité echappoit à leur intelligence encore barbare. Un siècle plus tard, vers 1060, ils transportèrent notre idiome, comme ils le parloient, en Angleterre ; et demeurés maîtres de la contrée, ils prirent une foible part au grand mouvement littéraire du xiiie siècle, qui devoit marquer, sur le continent, la deuxième epoque de la langue française. Jusqu'au règne d'Edouard III, ils gardèrent le néo-latin du règne de Guillaume le Bâtard, sans admettre ni concevoir les principaux idiotismes de la syntaxe romane, consacrés depuis leur départ de France et nettement déterminés par les poëtes et les prosateurs du beau règne de Philippe-Auguste. Il en résulta qu'ils conservèrent plus longtemps que nous le goût, la passion des Chansons de geste en vers assonans de dix syllabes, et qu'on retrouve encore aujourd'hui chez eux le plus grand nombre de ces monumens de l'art du xie siècle. Quand on les renouveloit à Paris, on les estimoit encore à Londres dans leur ancienne forme ; on les y transcrivoit encore ainsi qu'ils avoient eté composés pour des gens qui ne savoient pas lire, c'est-à-dire, avec un cortége inévitable d'obscurités et de longueurs, les voix contemporaines n'etant plus là pour en maintenir l'ancien à-propos. D'ailleurs, pour être demeurés etrangers à l'impulsion grammaticale du xiiie siècle, il devint bientôt impossible aux Anglo-Normands de regagner la route ouverte par nos trouvères ; ils s'engagèrent donc dans une voie nouvelle en réduisant à leur façon les foibles difficultés de la première syntaxe romane. Comme ils avoient toujours assez mal compris l'heureuse combinaison qui servoit à distinguer à la fois dans les noms le sujet, le régime et le nombre, ils n'y virent plus même un moyen satisfaisant de distinguer le nombre ; et pour suppléer à cette lacune réelle, ils réduisirent toutes les anciennes variations orthographiques à une seule ; je veux dire l'addition d'un *s* dans les noms, les pronoms et les adjectifs pluriels. Ainsi, tandis que les Français disoient, au singulier :

> Nominatif, *li chans.*
> Accusatif, *le chant.*

Au pluriel :

> Nominatif, *li chant.*
> Accusatif, *les chans.*

les Anglo-Normands dirent absolument, au singulier, *li chant*, et, au pluriel, *li chans.*

Maintenant, pourquoi les actes diplomatiques et juridiques de l'Angleterre sont-ils ecrits, même au xiiie siècle, dans un français barbare ? C'est parce que les rédacteurs y font de malheureux efforts pour observer les règles d'une syntaxe qu'ils ne comprennent pas bien. Et l'ignorance anglo-normande envahit bientôt la France, le premier fruit de nos discordes civiles, au xive siècle, ayant été d'anéantir les paisibles réunions littéraires. Avec la culture de la poésie se perdit la délicatesse de l'élocution commune; les clercs, repoussés dans leurs pieuses retraites, se remirent à l'étude exclusive du latin, et pour la langue vulgaire, on en vint à préférer, comme plus faciles, les *réductions* grammaticales opérées en Angleterre. Toutefois, en les acceptant, l'usage français les soumit à des règles plus précises et plus nettes. Le nom perdant ses modifications orthographiques et n'admettant plus d'autre accident que l'*s* final marque du pluriel, on sentit la nécessité de déterminer laquelle devoit rester de la forme *nominative* ou de la forme *accusative*. La dernière fut préférée, sans doute parce que le nom s'y trouvoit en général mieux accentué. On écrivit en conséquence : *le chant,* le *comte,* le *monde,* l'*homme,* le *veau,* le *chapeau,* etc. *Cis* fut abandonné pour *cil* ou *celui, liquex* pour *lequel, mi* pour *me,* etc., etc.; et cette révolution grammaticale etoit à peu près accomplie, quand le roi Charles V monta sur le trône, c'est-à-dire, vers le milieu du xive siècle.

Telle fut donc la troisième epoque de la langue française. Elle se recommande par la prose des Chroniques de saint Denis, des Histoires de Jean Froissart et des Romans d'Antoine de la Salle; par les poésies d'Eustache Deschamps, de Charles d'Orléans, de Villon. Ces ouvrages, ecrits d'un excellent style, offrent encore un reflet intelligent de l'élocution commune : on sent, en les relisant, combien est préférable le langage ordinaire des gens du monde aux phrases péniblement etudiées sur les bancs de l'ecole. C'est donc chez les bons auteurs que je viens de nommer qu'il faut suivre le génie de la parole française, et non chez Christine de Pisan, chez Alain Chartier, chez Molinet, Georges Chatelain ou Jean Le Maire, ces pédans ingénieux qui firent au xve siècle d'incroyables efforts pour repousser notre langue dans son berceau romain, comme au xvie siècle d'autres ecrivains voulurent la faire rebrousser jusqu'aux formes consacrées par Homère et Démosthènes. Froissard justifie l'élocution de nos ancêtres de ces vaines et coupables tentatives qui, si elles firent longtemps honneur à leurs auteurs, doivent immortaliser aujourd'hui le souvenir de leur défaite.

Le xvie siècle, qui donna l'essor à tant de conceptions nouvelles, ne pouvoit manquer d'étendre son influence sur les destinées de la langue française; il en marque la QUATRIÈME ÉPOQUE. Mais si l'on fit la conquête d'un grand nombre de mots, on n'arriva pas au remaniement des anciennes formes. Nous en prenons à témoin les poésies du gentil Marot et du gracieux Mellin de Saint-Gelais, la prose du nerveux champenois Larivey et de l'ardent Bourguignon Des Perriers. Cependant il y eut un moment d'incertitude; on alloit peut-être décerner le prix de l'eloquence à la cabale de Ronsard et de Du Bartas, quand la satyre de Rabelais rejeta dans le cercle des avortemens prétentieux tous ces ennemis de la franche, naïve, élégante et claire elocution française. Après Rabelais vint Amyot, après Amyot, Henry Estienne et Pasquier; puis, il faut le dire, car il ne s'agit ici que des bonnes formes du langage, le *Parnasse Satyrique* et le *Moyen de Parvenir*.

Mais ce n'est pas tout : si le XVIe siècle n'a pas changé le caractère de notre langue d'*oui*, il a merveilleusement disposé le terrain devant les pas de la génération suivante. Il a donné le mouvement et disposé les matériaux que le génie alloit être appelé bientôt à mettre en œuvre. Avant Ramus, avant Dolet, le secours de la ponctuation nous manquoit presque absolument : aucune marque de parenthèse et de suspension de pensées; les accidens de prononciation etoient dépourvus de signes, et par conséquent on n'avoit ni *accens aigus* ou *graves*, ni *trémas* ni *cédiles* ni *apostrophes* ni *circonflexes*[1]. La séparation des phrases etoit, il est vrai, déjà indiquée par un *point;* mais ces phrases avoient l'ampleur de nos *alinéas* et ne comportoient ni doubles points ni virgules. Avec la ponctuation et l'accentuation, il fallut inaugurer l'orthographe, et rechercher comment tant de mots grecs, allemands, italiens, espagnols, etoient venus se réunir au grand elément latin; et comment, sans trop blesser l'usage, on pouvoit consacrer la source de tous ces mots et opposer une digue aux caprices de l'accentuation. Sans doute, il est permis de regretter que les Grammairiens aient alors donné trop d'importance à la forme radicale, et qu'ils aient fait plus d'une fois violence à la vieille et bonne prononciation, en surchargeant les mots de lettres qui n'etoient pas et n'avoient jamais eté prononcées; mais cet inconvénient est racheté par l'avantage de ramener à des formes précises un système graphique toujours menacé d'errer à l'aventure. Car il n'en est pas du Français comme de l'Espagnol ou de l'Italien : le profit que nous avons su tirer des syllabes à demi-articulées ne devant jamais permettre de prendre la prononciation pour base unique de l'orthographe,

[1] Voyez plus bas le mot *Accent.*

c'est pour les vrais littérateurs un grand avantage que de retrouver le cachet de la racine primitive imprimé sur la forme nouvelle. On a, depuis, simplifié l'orthographe du xvi⁰ siècle, mais on a conservé le système, et c'est là ce qui distingue principalement la langue *française* des *patois* de la France.

Nous dirons un seul mot de la Cinquième Époque, ouverte par les Odes de Malherbe et fermée par les mille productions de l'inépuisable Voltaire. C'est, à parler convenablement, l'ère académique. La fille de Richelieu vient passer au creuset toutes les formes léguées par les âges précédens ou consacrées par l'usage contemporain. Elle fait l'analyse des mots, elle en détermine le sens, elle en constate l'utilité, l'elégance ; elle détache du grand rameau les branches vieillies, elle y rattache de nouveaux bourgeons : enfin, en même temps qu'elle donne les préceptes, elle multiplie les exemples ; et Vaugelas, Balzac, Corneille, Racine, Boileau, La Fontaine, La Bruyère, Montesquieu, Buffon et Voltaire, représentent si bien la meilleure elocution, que l'usage de notre langue devient universel, et qu'il semble permis depuis ce temps à nos ecrivains d'ignorer tous les autres idiomes, tandis qu'on ne permet à nul ecrivain etranger d'ignorer la langue française.

Ces temps-là ne sont plus : les nôtres sont moins beaux. Nous sommes arrivés à la Sixième Époque, qu'on est forcé de considérer comme la première du *Néofrançais*. La révolution n'est plus renfermée, comme aux xv⁰ et xvi⁰ siècles, dans les livres vantés de quelques gens d'esprit : le mal dans ce cas-là, ne seroit pas désespéré, et le remède seroit à la portée commune. C'est dans la parole de tous, comme dans les formes générales de la composition littéraire, qu'elle s'est décidément accomplie. On parle, on ecrit partout la langue nouvelle, et, chose singulière, plus les Beauzé, les Restaut ont de successeurs, et plus le véritable style s'emousse ou se charge d'elémens impurs. Eloquence de tribune, poésie, romans, livres d'histoire et de théâtre, tout conspire à l'envi contre les anciennes traditions littéraires, tout sert à la justification des corrupteurs. Mais parmi les causes les plus directes de la dégradation du langage, comment oublier les journaux ! N'est-ce pas aujourd'hui le recueil de toutes choses ; et que deviennent les anciennes trompettes de la Renommée devant le tintamarre de leurs voix glapissantes ? Nous n'avons plus besoin de bibliothèques : ils nous fournissent chaque matin tout ce qu'il nous faut penser, connoître, dire et croire. Puis, constamment nourries du même genre de brouet, les populations se parquent en troupes non moins dociles que celle de Dindenaut; elles ne pensent plus, elles reflètent la pensée des autres, et pour surcroît de malheur, cette pensée est presque nécessairement creuse et vulgaire. Quelle pitié de voir tant d'hommes libres ruminer tout le long du jour la pâture dont, chaque matin, la malle a fait entre eux la distribution ! Un accident retarde-t-il l'heure de l'indigeste festin, les visages pâlissent et se contractent d'impatience. On dit pourtant que la presse périodique a perdu de son autorité : je n'en crois rien. On affecte pour la profession de journaliste un mépris très-injuste, et plus que jamais on se nourrit de journaux.

Mais, à ne considérer que leur influence sur l'elocution commune, les journaux doivent favoriser tous les genres d'innovation, car les rédacteurs, obligés de revenir chaque jour sur les mêmes querelles, et de reprendre les mêmes déclamations, n'ont qu'un moyen de soustraire leurs abonnés à l'ennui qui les atteint souvent eux-mêmes, c'est de varier les formes de leur style. Or, il est un secret pour traiter d'une façon remarquable le thème offert à la rédaction commune : c'est de racheter la banalité du sujet par la nouveauté de la forme; de parler comme on ne parle pas encore; de composer des adjectifs; d'elever, sur cette base, de nouveaux verbes et de nouveaux substantifs. Prenons un exemple : de général, on fera *généraliser*, *généralisation*, *généralisateur;* d'idéal, *idéaliser*, *idéalisation ;* de constitutionnel, *constitutionalité*, *inconstitutionalité;* au lieu de *régulier*, on dira *normal*, puis *anormal*, puis *anormaliser*, etc., etc. Une fois dans cette voie, on ne s'arrêtera plus : chaque jour, la *centralisation* fera des *progrès;* l'*idéalisation* de *l'absolutisme* sera mieux *formulée*. Dans une seule phrase de roman-feuilleton, on décrira le *facies* de la jeune *lionne*, son *galbe*, sa *cambrure,* sa *désinvolture*, la *délirante contexture* de sa *charpente osseuse*, les pures et *vibrantes effluves* de sa parole *emouvante*, destinées à produire une *surexcitation du cerveau.* Dans la partie politique, nous trouverons la question *qui s'agite*, les *prohibitions*, les *grandes industries,* les *produits similaires*, les *agglomérations d'intérêts mercantiles,* les *chaleureuses effusions*, les *sommités morales*, *intellectuelles*, etc. — On ne protègera plus, on *sauvegardera;* on ne sera plus ému, détrompé, mais *impressionné*, mais placé sous le *prisme* d'un *désillusionement précoce, intense*, *inénarrable*, etc. Sérieusement, le chapitre de l'*Escholier limousin*, les romans espagnols si fatals à la raison de Don Quichotte offrent-ils quelque chose de plus extraordinaire? Voilà pourtant ce que nous trouvons chaque

matin dans nos Journaux ; c'est le langage des ecrivains , sinon les plus estimés
en France , du moins le mieux connus dans toute l'Europe , comme expression
de la littérature française. Et cependant, il faut avouer qu'un pareil style diffère
autant de celui de Mme de Sévigné que le latin du glossaire de Ducange est
eloigné de celui de Cicéron ou de Virgile. Mais il est temps de résumer en
quelques lignes tout ce qu'on vient de lire. L'histoire de la langue française
forme six epoques : dans la première, elle est parlée, chantée, sans être ecrite ;
dans la seconde, elle est parlée, chantée, ecrite ; dans la troisième, la syntaxe
en est modifiée ; dans la quatrième, elle est soumise à la ponctuation , à l'accentuation , à l'orthographe ; dans la cinquième, elle est fixée ; dans la sixième, elle
est abandonnée.

Toutefois, les bonnes traditions du langage sont encore placées sous la protection de l'Académie française ; et même, en dehors des Académies, on trouve un certain nombre d'ecrivains qui se plaisent à prolonger les derniers echos de la bonne
elocution, parce qu'ils se font une loi de lire les anciens avec attention et d'ecouter
avec distraction les contemporains. Bien que leur courageuse résistance soit déjà,
pour ainsi dire, œuvre d'antiquaire, et que leurs efforts pour ranimer une chose
morte ne semblent pas devoir être couronnés de succès, tous les esprits délicats
lisent leurs ouvrages avec un plaisir particulier, même sans remonter le plus souvent à la cause de l'agrément qu'on y trouve. C'est d'ailleurs un excellent moyen
de protester contre la corruption générale de la langue française, et de prouver
que M. de Fontanes n'a pas emporté dans la tombe le secret de bien ecrire ,
comme l'a dit dernièrement un historien de grande autorité. Tout mon regret
c'est de n'avoir pu les suivre même de fort loin dans le travail aride que j'avois
entrepris et dont je soumets à leur censure un fragment trop long encore.

P. P.

Avenay , 20 septembre 1846.

DICTIONNAIRE

HISTORIQUE

DE LA LANGUE FRANÇAISE.

A Première lettre de l'ecriture. Elle a donné naissance à plusieurs façons de parler proverbiales. 1° « N'avoir pas fait une panse « d'*a* », à cause de sa forme double ou composée ; 2° « Ne savoir ni *a* ni *b* », ou bien, « En être encore à l'*a*, *b*, *c* », à cause de son rang dans l'alphabet ; 3°«Etre marqué à l'*A*», c'est-à-dire, au bon coin, parce que depuis trois siècles la monnoie de Paris, plus forte que celle de Tours et de meilleur aloi, se reconnoissoit à la lettre *A* frappée sur le revers, au bas de l'ecu de France. On trouve déjà ce proverbe dans Rabelais.

II. Troisième personne singulière du présent du verbe *avoir* [1]. C'est le mot latin *habet*, contracté et réduit à sa plus simple expression, et, peut-être, à sa prononciation réelle, *abt, at, a*. On a souvent ecrit, au XIII⁰ siècle, *ha, aït* et *at*. « Li

[1] On n'entend pas mettre ici tous les accidens de chaque verbe, mais bien toutes les formes qui, dans la conjugaison des verbes, sembleront eloignées des analogies régulières.

« autre furent seveli au Piguie ; or *ha* maintes ver- « tus ». (Chroniq. msc. 10307 ⁵. f⁰ 54.)

> — Sire, dist li reis Carles, c'este votre carrue ?
> Tant i *at* de fin or que jo ne sai mesure.
> (Voyage de Charlemagne à Jérus., p. 13.)

En Flandre, en Normandie, on prononçoit *aït*, et c'est aux Normands que nous avons emprunté la façon de parler, qu'y *at*-il ? fort bonne chez eux dans tous les tems, mais qui auroit autrefois prêté à rire aux Parisiens. Nos grammairiens la justifient par les exigences de l'euphonie ; s'il n'y avoit pas quelqu'autre raison, on auroit pris le parti de s'en passer.

III. Préposition. Quand *à* marque la tendance ou le mouvement d'un objet vers un autre objet, il répond à l'*ad* des Latins, ou plutôt c'est le même mot conservé, le *d* se prononçant à peine.

> Il n'a plus preude feme jusqu'*d* la mer salée.
> (Berte aus grans piés, p. 28.)

Quand *à* indique la réunion, il remplace aujourd'hui soit l'*in*, soit le *cum* des Latins. Je dis aujourd'hui, car avant le XVI⁰ siècle, *cum* etoit exactement représenté par *on* ou par *o*, et peut-être etoit-ce encore la tradition de la prononciation romaine qui, dans un grand nombre de mots, tenoit peu de compte de la lettre *c*.

> J'aloi *a* li el praelet,
> *O* la vielle et l'archet.
> (Chans. de Colin Muset.)

« Le Seigneur soit *o* vous », pour : *Dominus vobiscum*. Mais on finit par confondre ces deux monosyllabes et par les ecrire de la même manière. Rabelais, pour n'avoir pas distingué les equivalens de ces deux prépositions *ad* et *cum*, a fréquemment employé *on*, signe de réunion, pour *a*, signe de tendance ; mais il n'en auroit pas trouvé un seul bon exemple dans les auteurs précédens. Ainsi, dès les premières lignes de son premier prologue, il dit, dans une intention d'archaïsme : « Alcibiade *on* dialogue de Platon ». Il falloit *au*, ou bien *ou* dialogue ; et ses commentateurs ont eu tort de le justifier par l'exemple de la préposition anglaise *on*, qui répond à *sur* et n'a rien à faire avec la nôtre.

La préposition *à* ne marque peut-être que la tendance, et répond encore par conséquent à l'*ad* aussi bien qu'à l'*in* des Latins dans ces phrases : vivre *à* Paris, — jeter *à* la rivière, etc. ; — *à* Nevers, chez les Visitandines, etc. On pourroit même reconnoître dans cet exemple un souvenir du premier sens attaché au nom de nos anciennes cités gauloises : vivre *vers* les Parisiens, — *ad Parisios*, — *ad Carnutos*, — *ad Remos*. A l'appui de cette conjecture, je citerai le Père Bouhours, qui, sans remonter à l'origine de notre façon de parler, indique une nuance entre *à* Paris et *dans* Paris. « Quand il s'agit d'une demeure ou fixe ou pas-« sagère, on dit *à* Paris ; mais s'il s'agit d'autre « chose que de la demeure, on dit *dans* Paris. « *Dans* me paroît plus fort. Ce sont des délicates-« ses qu'on ne doit pas négliger ». (Rem. nouv. 3° edit.)

Dans un nombre de phrases assez restreint, notre préposition *à* est devenue synonyme de la préposition *a*, marque de départ chez les Latins ; car, en dépit des grammairiens, cette locution : j'ai ouï dire *à* votre père, est très-bonne. Et cette autre en dérive : je lui ai entendu raconter, qu'il est naturel de traduire : j'ai entendu raconter *à* lui. Ne dites donc pas avec M. Legoarant (Paris, 1844), qu'il faudroit : j'ai ouï dire *par* votre père, car cela est inusité, et jamais on n'a

fait scrupule de dire autrement. Mais, hors de ces cas exceptionnels (nés peut-être d'une sorte de confusion avec ces autres phrases : j'ai ouï dire *à* Paris ou *vers* Paris, *à* la comédie ou *vers* la comédie), — le sens de la préposition latine *a* n'a rien de commun avec celui du même mot français.

Fort souvent le gérondif des Latins est chez nous remplacé par l'infinitif : alors, pour les distinguer, nous conservons la préposition *ad* ou *à*, qui seule détermine le penchant ou la direction : je demande *à* jouer, *ad ludendum*.

Dans ce gallicisme : j'ai *à* cœur votre avantage, *à* remplace encore l'*ad* des Latins ; seulement il faut prévenir qu'on a dit d'abord : j'ai fort, ou j'ai fortement *à* cœur, c'est-à-dire, j'ai votre avantage fortement *vers* le cœur. Peut-être aussi la licence consiste-t-elle à déplacer les prépositions, et devroit-on dire : j'ai le cœur *à* votre avantage. Dans l'une ou l'autre hypothèse, il convient d'eviter : j'ai *à* cœur *de vous servir*, car il faudroit alors expliquer l'emploi de la préposition *de* par une ellipse assez forte : j'ai *à* cœur (le désir) de vous servir.

Je ne crois pas, avec l'Académie, que *à* ait le sens d'*après* dans cette phrase : *à* deux mois de là, car *de là* seroit un pléonasme. Il vaut mieux entendre : de là *à* deux mois. C'est donc encore la préposition de tendance, et l'un des cas fort rares où *ici* et *là* sont restés, comme autrefois, parfaitement synonymes. Aller pas *à* pas, diffère de : aller pas *après* pas ; il répond à : pas *vers* pas, *passus ad passum*. Il en est de même de : brin *à* brin, — mot *à* mot, — sou *à* sou, c'est-à-dire, d'un brin *à* un autre brin, etc.

Je retrouve avec l'Académie le sens de la préposition *pour* dans cet exemple : une fille *à* marier. Mais c'est la forme moderne conservée du gérondif latin, *ad nubendum*. *Ad*, synonyme de *pour*, se reconnoît encore dans : sac *à* papier, — bouteille *à* encre, — pierre *à* fusil, et dans ces autres expressions que les grammairiens ont à tort répudiées : tenir *à* honte, — appeler *à* témoin. « Il estoit lors peu congneu *à* fils de roy ». (Amadis des Gaules, liv. III.)

Il n'est pas bien certain que le sens de *à* réponde à celui de *sur* dans cet exemple : monter *à* cheval, ou : aller *à* cheval. Je le comprendrois plus volontiers : aller *en* cheval, *en* étant pris comme l'*in* des Latins : *in equum ire, incedere*, ou répondant à la forme gérondive : *ad equitan-dum* , pour chevaucher.

Mais *à* n'a jamais le sens d'*environ*, et les exemples qu'on en cite sont loin de nous convaincre : un homme de quarante *à* cinquante ans. Ici, l'adverbe *environ* ne peut dispenser de l'*à*; il faut donc entendre : un homme ayant depuis quarante jusqu'*à* cinquante ans. Suivant l'Académie , cela veut dire : un homme d'*environ* quarante *ou* cinquante ans. Celui qui parleroit ainsi s'expliqueroit fort mal, et cet *ou*, je vous en demande pardon , est une véritable escobarderie.

L'Académie dit encore : « *A* sert à marquer le « tems ; exemples : se lever *à* six heures,—il y « parviendra *à* la longue, etc. ». Je ne vois pas comment, dans ces exemples, on le transforme en horloge; et s'il marque ici le tems, il faut avouer qu'il marque mille autres choses ; par exemple l'entrée et la sortie, dans ces phrases : parler *au* portier , — frapper *à* la porte, etc. *A* la longue, est un gallicisme répondant au *cum longo tempore*, ou seulement *cum tempore*. *A* six heures, est synonyme de : *vers* six heures, — *au* coup de six heures, etc.

En résumé, toutes les acceptions de la préposition latine *ad* se rapportent à celles de la préposition française *à*. Et cet *ad* latin ayant été souvent confondu avec les prépositions *in*, *pro* et *cum*, nous avons aussi gardé quelquefois le sens de ces dernières prépositions dans le français *à*. L'Académie eût peut-être bien fait d'eriger son article sur ces fondemens, au lieu d'admettre des synonymies qui ne semblent pas rendre mieux raison de tant d'acceptions diverses.

La préposition *à* est pour la première fois etudiée dans le R. Estienne, edition de Nicot, 1584.

ABAISSEMENT, s. m. Il ne doit pas être français d'origine, quoiqu'on le voie déjà dans la première edition de Robert Estienne (1539), avec les exemples : *abbaissement* de voix,—d'etat, — de courage. Je le crois arrivé par la route de Provence, M. Raynouard ayant trouvé dans les plus anciens textes des troubadours : *abais*, *abaissamen* , et même *abaissament*. (Lexique roman, tom. I, p. 191.) Le poëte Mainard a dit :

Le prétendu tyran de l'univers chrestien,
Dans son *abaissement*, vivra sans espérance.
(OEuv., p. 13.)

ABAISSER, v. a. Ce mot, français d'origine,

semble aujourd'hui , à la différence de *baisser*, supposer une action volontaire. Ainsi l'on ne diroit pas : le jour *abaisse*; ni, l'Être divin baisse la clarté du jour, au lieu de : *abaisse* la clarté du jour.

Quand on dit : il tient les yeux baissés, on suppose que la volonté est dans le verbe *il tient*. Quand on dit : il *abaisse* les yeux sur un point , c'est que la volonté est ici déterminée et précise.

Le poëme de Charlemagne, publié par M. F. Michel sur un manuscrit du XIIIe siècle , offre un bon exemple de l'emploi du mot *abaisser*. Genin, baron de l'empereur, invité à *gaber*, propose de lancer une lourde epée vers la plus haute tour de Constantinople, sur laquelle on aura placé deux deniers; de faire sauter l'un des deux, sans ebranler le second, et de reprendre l'epée avant qu'elle ne soit retombée de l'autre côté de la tour :

Puis serai si legers et isnel et atés
Que m'en rendrai corant parmi l'us de la sale.
Et reprendrai l'espect ains qu'à terre s'*abaisse*.
(v. 613.)

On disoit mieux autrefois *abaissier* qu'*abaisser*. Dans Villehardouin : « Cis feus fu si grans et si « orribles que nus hom nel pot ataindre ne *abais-* « *sier* ».—Du XVIe siècle au XVIIe on a doublé le *b* de la première syllabe.

ABANDON, s. m., mérite une etude suivie. Il vient de *ban* ou *band*, qui semble d'origine germanique, et dont nous aurons plus d'une fois occasion d'indiquer les acceptions nombreuses et successives. Il nous suffit de remarquer en ce moment que *ban* a fourni bannir, bannière, bandit, bande, banlieue, *abandon*, et sans doute encore d'autres bons mots.

Son premier sens absolu etoit *criée* ou *proclamation* de la volonté souveraine et nous l'avons gardé pour ce qui touche à la criée des projets de mariage. Le curé fait les trois bans en chaire. On dit, il est vrai, la publication des bans, mais c'est par suite de la confusion à laquelle ne peuvent echapper les vieilles racines. La publication des bans ne signifie réellement que la publication des publications.

Ce ban, ou criée, etoit l'attribution la plus nette du pouvoir public. Les barons disoient : j'ai ban, ou mon ban s'etend sur telle ville, sur tel pays; comme ils auroient dit : ma seigneurie, mon pouvoir suprême. Quand ils avoient une guerre à soutenir, ils faisoient un ban, c'est-à-dire, un *cri* d'alarme ou de *aux armes!* Les arrières-vassaux, les communes, recevoient l'ordre de servir à jour fixé, pour un tems déterminé; et la troupe qu'ils formoient fut désignée sous le simple nom de *ban* ou *bandon*.

Puis ce *bandon* représentant une masse forte, nombreuse, redoutable, on en fit l'expression proverbiale de la force, et *à bandon* devint synonyme de ces autres adverbes : en masse, en tourbe, en foule.

> Et il i vint à force et *à bandon*.
> (Gar. le Loherain.)

> Tous mes trésors vous soit *à bandon* mis.
> (*id.*)

> Il li getièrent pierres et cariaus *à bandon*.
> (Parise la duchesse.)

Cependant, comme conséquence du premier sens, l'officier chargé de faire la criée du seigneur, ou de rassembler les hommes convoqués, s'appela bannier; le bâton, signe de son office, s'appela bannière, et le seigneur lui-même fut distingué de ses feudataires par le titre de banneret, c'est-à-dire, investi du droit de lever une bannière, et de réunir autour d'elle les vassaux du fief principal, et les bourgeois des communes.

Le banneret avoit non-seulement droit de faire le ban ou la criée de convocation; il avoit encore celui de poser ou *mettre* le *bandon* (*mittere bandum*) sur quelqu'un ou sur quelque chose; soit pour réunir la *chose* au domaine, soit pour donner à l'*individu* une sauvegarde. La forme de cette mise *à bandon* nous est conservée dans un grand nombre de textes cités par Schilter et Du Cange. On posoit le bâton ou *bandon* sur la personne que l'on vouloit garantir : « In eodem loco missi sacri palatii prendiderunt unam fustem in manus suas et *bandum* miserunt præposito ». (Cartular; de Casa aurea, ad ann. 894.) —« Petivit pro Deo et anima domini regis... *mittere bandum* super jam dictas res.... ut nullus quislibet homo prædictam ecclesiam de jam dictis rebus sine legali judicio disvestiri præsumat.... Tunc prefata domina Beatrix et Flaibertus judex domini regis, ambo simul per fustem quam in suis detinebant manibus, *miserunt bannum* super easdem res et jam dictum advocatum, etc. ». (Notitia ad ann. 1068.) Ici, *mettre ban* ou *bandon*, a le sens exact de mettre le signe de la propriété suprême; et comme on le comprend, ce deuxième sens découle encore du précédent.

Dans le Roman de la Rose, on trouve livrer *à bandon*, c'est-à-dire, à discrétion, en propriété absolue :

> Et scès-tu où jonesce maint?
> Delis la tient en sa maison...
> Et son cors *à bandon* li livre,
> Et ne voudroit pas sans li vivre.

Telle est l'histoire de *bandon* et de la *mise à bandon*, ou prise de possession solennelle. Mais ce fut un acte egalement important de *mettre* et d'*ôter* le *bandon* : de là les verbes *bandonner* et *abbandonner* comme on ecrivoit autrefois; la préposition *a* ou *ab* ayant la même force privative que dans abjurer, absoudre, abstenir, etc. Le sens d'abandonner est donc : mettre hors de ban, délaisser, quitter, rendre libre.

Ce verbe négatif, abandonner, fut le radical immédiat du substantif *abandon*, dont nous nous occupons maintenant. C'est l'effet de l'acte d'abandonner, c'est la mise hors de puissance, le délaissement, la renonciation; c'est encore l'absence de lien, de discipline, comme dans cet exemple : « Les chevaux laissent corre les freins « *abandonés* ». (Chans. d'Antioche, liv. III.) On le trouve déjà dans nos plus anciens auteurs; mais ceux qui l'ont employé ne se rendirent pas toujours bien compte de sa force privative. Ils l'ont confondu quelquefois avec *bandon*, quelquefois même avec le gérondif *habendum*, comme l'editeur du Garin le Loherain l'a fait remarquer dans une de ses notes. On va voir que nos premiers linguistes ont partagé cette première indécision, et même ont souvent confondu *bandon* avec *abandon*, son contraire.

En 1539, Robert Estienne n'ose pas compromettre sa réputation de grammairien, jusqu'à consacrer *abandon*; il aime mieux renvoyer pour ce mot à celui de *bandon* qui, je le répète, avoit eu l'acception contraire. Ce *bandon*, il le traduit par *indulgentia, licentia*. Le deuxième synonyme valoit mieux que le premier, mais *immunitas* eût encore mieux valu, même pour les exemples qu'il cite : donner *bandon* à quelqu'un, répond en effet à notre : donner carte blanche; bailler trop de *bandon* à quelqu'un, c'est-à-dire, trop de pouvoir. En donnant *bandon*, c'est-à-dire, en donnant pleine autorité. Dupuys, en 1564, et Nicot, en 1584, admettent encore *abandon* et *bandon* synonymes.

Mais ces deux mots, si bien accueillis par les poëtes et les auteurs du moyen-âge, perdent toute faveur vers le xvıı^e siècle, sans doute par la mauvaise volonté des linguistes, qui ne savoient trop comment les analyser. Louis-Augustin Allemand, en 1688, assure qu'*abandon* et abandonnement sont de nouvelle fabrique, et nés environ au milieu du siècle. Si ce grammairien ne les avoit trouvés ni dans Cœffeteau ni dans Malherbe ni dans le cardinal Du Perron, il eût été plus heureux dans les lexiques du xvı^e siècle et dans Pasquier. Corneille ne le dédaignoit pas ; mais on le lui reprocha, et plus encore à Molière, qui avoit dit :

> Dans un tel *abandon* leur sombre inquiétude
> Ne voit d'autre recours que le métier de prude.
> (Tartufe, act. 1, sc. vii.)

Basnage, en 1708, remarque « qu'on ne le « trouve guère que chez Molière ; qu'il n'est sup-« portable en ce sens qu'en termes de pratique, « et qu'enfin abandonnement vaut mieux ». Nous donnons mille fois raison aujourd'hui à Molière sur le réfugié Basnage. Quelle insolence de penser qu'un mot prêté par le maître du théâtre français à la sage Elmire, ne puisse être supporté qu'en termes de pratique ! Il n'y a pas de sifflets assez aigus contre une pareille décision.

Pour ce qui est du proverbe *à l'abandon*, le Trévoux de 1756 propose en exemple : « Laisser « sa maison *à l'abandon* ou au pillage. Mais », ajoute Trévoux, « on s'en sert peu, excepté dans le « discours familier. Il n'est pas assez noble pour le « style élevé ». Et pourquoi, s'il vous plaît ? A l'*abandon*, c'est-à-dire, proprement, à l'absence du signe de propriété, me paroît une excellente expression.

Une acception vraiment assez nouvelle, c'est : parler avec *abandon*, — avec le plus aimable *abandon* ; — avoir de *l'abandon* dans l'intimité, etc., etc. Il semble qu'on ait voulu mettre ces locutions sous le *bandon* de M. le duc du Maine, car elles se trouvent dans les Maximes morales qu'on lui fit composer à l'âge de sept ans. « Je ne trouve « rien de si aimable que la liberté, et rien n'est « si doux que d'être *à l'abandon* avec ses amis ». J'adhère pour mon compte à l'acception ; un pareil néologisme ressemblant beaucoup à l'archaïsme. Dans un aimable *abandon*, est une autre locution restreinte aux matières de galanterie, et qui peut être acceptée dans ces limites.

Il y avoit autrefois un proverbe :

> Qui fait nopces et maison,
> Et plaidoie à son baron
> Il *met* le sien *à l'abandon*.

c'est-à-dire, hors de sa disposition. Mais gardez-vous d'écrire ce proverbe comme on l'a fait souvent : « Il met le sien à *bandon* » ; car le sens seroit tout contraire, en dépit de R. Estienne et de Nicot.

ABANDONNER, v. a. Il semble qu'on ait dû former ce verbe (*ab* ou *a* privatif, et *bandonner*), avant le substantif abandon. Il signifie exactement : priver quelqu'un ou quelque chose de *bandon*, ou de la marque de propriété, de protection. On le trouve déjà, avec ce sens ablatif, s'il est permis d'ainsi parler, dans les monumens primitifs. Ainsi, dans le Voyage de Charlemagne à Jérusalem, le patriarche dit à l'empereur :

> Ben dei li reis amer qui lui *abandunast*...
> Tuz li menz granz tresors vus seint *abandunez*.
> (v. 434 et 222.)

Nicot a dit le premier, en 1584 : « C'est mettre « une chose en la liberté de qui la voudra pren-« dre ». Il eût mieux valu dire : c'est renoncer à tout droit de propriété sur une chose et la laisser à qui la voudra. Avec cette explication, le bon Nicot n'eût plus été embarrassé en lisant dans les anciens *romains* (ou romans) : « Il *abandonna* au roi ses pays, ses hommes, et « ses trésors ». Et il eût aisément entendu : « Il « quitta au roi ses pays, etc. ».

Il s'en faut bien que je voie dans *abandonner*, même avec l'Académie, le synonyme exact de laisser en proie. Pourquoi cette interprétation, quand celle de laisser, justifieroit tous les exemples ? L'Académie cite, d'après Nicot : « *abandonner* une ville au pillage ». Mais, en traduisant laisser en proie, il faut supprimer au pillage. Que seroit-ce, en effet, que : laisser une ville en proie au pillage ?

Le participe *abandonné* s'est pris autrefois dans le sens de libéral, généreux, sans retenue. « Li « rois Artus est si larges, si *abandonnés*, que nus « n'oseroit penser ce qu'il oseroit despendre ». (Msc. 7173, f° 18.)

Pascal a dit de même, dans les Provinciales, avec ces formes polies qu'on admire dès qu'elles sont à l'adresse des Jésuites : « Il faut que vous « passiez pour les plus *abandonnés* calomniateurs « qui furent jamais ». (Lett. 16.)

Et il me semble aussi convenablement employé dans l'acception de femme *abandonnée*.

Une *abandonnée*, dit-on même seulement:

Je ne veux point brûler pour une *abandonnée*.
(Molière.)

C'est-à-dire, une femme sans retenue, et qui cède à qui se présente. La preuve qu'on doit ainsi l'expliquer, c'est qu'on ne diroit pas egalement d'un libertin : c'est un *abandonné*.

Ancien proverbe excellent :

Femme qui donne s'*abandonne*,
Femme qui prend, elle se vend.

ABANDONNEMENT, s. m., est assez dans le génie de la langue, qui admet bourdon et bourdonnement, canton et cantonnement, etc. Il ne se prend guère aujourd'hui qu'en mauvaise part. Nous disons d'une prostituée, d'une femme sans pudeur, qu'elle vit dans l'*abandonnement*, dans un *abandonnement* infâme.

Au XVII° siècle on le préféroit encore à abandon, lequel, suivant Richelet, n'est pas bien usité et signifie *abandonnement*.

Tous les dictionnaires du XVI° siècle l'admettent. Dans le Festin de Pierre, ou l'Athée foudroyé, du sieur Dorimont, imprimé en 1665, act. 1ᵉʳ, sc. 5ᵐᵉ, don Alvaros, père de don Jouan, lui dit:

Eh bien ! je t'abandonne, infâme, esprit abject,
Qui ne suis de ton sang que le brutal objet.

DON JOUAN.

Cet *abandonnement* est ce que je désire.

ABASOURDIR, v. a. Je crois qu'on l'a dit par euphonisme, au lieu de *obsourdir*, venu de *obsurdescere*, devenir sourd. Le Jean Thierry de 1564 cite à propos d'*assourdir* : « Obsurdui pro strepitu « tintinnabulorum » ; ici *abasourdir* seroit plus pittoresque, et la préposition *ab* semble indiquer que l'effet pourra cesser avec la cause. *Abasourdi* n'est enregistré dans les dictionnaires, qu'à partir du Danet qui le réunit à *abalourdir*, comme un mot egalement mauvais, à l'usage exclusif du bas peuple. Mais Danet se trompe, et le Trévoux de 1752 l'a bien fait remarquer. *Abasourdir* est bien composé et bien employé: si le bas peuple s'en sert, c'est aux bons connoisseurs qu'il le doit.

ABATARDIR, v. a. L'Académie dit qu'il s'emploie au propre et au figuré. Mais les exemples qu'elle cite ou que l'on pourroit citer semblent tous appartenir à l'emploi figuré, même à celui de race *abâtardie*. Toutefois il est permis de repousser l'autorité de cette phrase : « Le dé-

« faut de soins a tout-à-fait *abâtardi* cette race « d'animaux ». Car les défauts du même genre ne peuvent guère occasionner la bâtardise. Ces sortes d'observations sembleront peut-être minutieuses; mais en les dédaignant, on sacrifie la pureté du langage, et l'on finit par autoriser la langue ordinaire du XIX° siècle.

Abastardir etoit déjà fréquemment employé dès le XIII° siècle par les Provençaux et par les Espagnols. Je ne vois pas que les Français l'aient adopté avant la fin du XV°. On le trouve il est vrai dans l'edition de Perceforest, donnée par Galiot Dupré en 1528. Mais le correcteur a mal lu le manuscrit, qui lui-même etoit peut-être incorrect. Voici le texte de la belle leçon conservée dans la Bibliothèque royale sous le n° 6781 : « Tous ceux ne sont point clers qui en portent « le samblant, né chevaliers qui chaussent es- « pérons : car plusieurs en i avoit qui n'avoient « onques esté en mortelle bataille; et combien « qu'ils eussent hardement, si ne le sçavoient-ils « metre à euvre. Et pour ce dist le saige, trop « est bastard de l'ouvraige, qui onques ne s'en « entremist ».

L'edition porte et Sainte-Palaye dans son glossaire manuscrit a cité le passage ainsi : « Trop « tost est *abastardi* de l'ouvraige qui onques ne « s'en entremist ». Je prends la liberté de dire que l'auteur du Perceforest a pensé et ecrit : « Trop tost est bastant de l'ouvrage qui onc- « ques ne s'en entremist »; c'est-à-dire, trop tôt est las est *assasé* (comme on disoit autrefois), qui n'a pas coutume de travailler. *Abastardir* est dans la première edition du Robert Estienne, 1539.

ABATARDISSEMENT, s. m. Moins ancien et moins bon que abâtardir dans la langue française. Je ne l'ai pas trouvé dans les anciens dialectes du midi. C'est Monet qui semble l'avoir enregistré le premier dans nos dictionnaires; mais Richelet n'en voulut pas, et il ne fut relevé que par Furetière. Basnage a cité dans Nicole : « Ils sont tombés dans « un honteux *abastardissement* ».

ABATIS, s. m. Le mot est ancien; seulement on ecrivoit jadis et l'on prononçoit *abatéis*. Au propre, il se disoit du bois coupé; comme dans ce beau passage de Garin le Loherain :

Li dus séoit sor son cheval de pris,
Chasse le porc et moult sovént le vist.

> Entre ses bras deus verais chiens a pris,
> Une grant pièce, el pan de son hermin,
> Tant que il furent mont bien entalentis,
> Resvigorés et mout bien resfreschis.
> Il les mit jus lès un *abatéis*,
> Si près du porc que chascuns bien le vist.
>
> (Tom. II, p. 228.)

Il est pris au figuré dans ces vers de Benoît de Sainte-Maure :

> Si vos di bien qu'en petit d'hore
> Od traiemens, od lancéis
> Y ot d'eus tel *abatéis* (*Voy.* ACCABLER.)
> N'i a si fier ne s'en esmait...
>
> (Chron. des ducs de Norm., t. II, p. 240.)

Aujourd'hui les *abatis* de certaines volailles sont les parties qu'on sépare du corps pour les vendre isolément, comme les pattes, le bout des ailes, la tête, etc. On comprend fort bien que les marchands de comestibles aient trouvé cette métaphore. Les cuisiniers ont dit les premiers, suivant Furetière, faire des potages d'*abatis* d'agneau, de poulet d'Inde, etc. Une façon de parler hideuse, et pourtant assez en vogue dans la bourgeoisie, c'est, à propos d'une personne affligée de gros bras rouges, de larges mains et de grands pieds, de lui trouver les *abatis* canaille. Quelque actrice inspirée poétiquement par une jalousie dévorante, a dû trouver cette métaphore; mais ceux qui la répètent sont des gens fort mal élevés ; *garsiones*, comme on disoit autrefois.

ABAT-JOUR, s. m. Composé de la troisième personne du verbe *abattre*, et du substantif *jour*. Il n'est pas ancien; je l'ai trouvé pour la première fois dans le Basnage, 1708, mais avec l'orthographe *abajour*. C'est de l'architecture qu'il etoit passé peu de tems auparavant dans le langage ordinaire. Il exprime une certaine disposition de fenêtres par laquelle on obtient dans les appartemens quelque modification de lumière.

ABATTEMENT, s. m. On le prenoit autrefois en jurisprudence, pour echéance, accession d'héritage, sans doute à cause de l'analogie qui existe entre abattre et echeoir. Entrer par *abatement* en la terre, c'est, dans les Tenures de Littleton, y arriver en rang d'héritier. Mais cette acception, qui n'a jamais été commune en France, s'est entièrement perdue.

On a pris ensuite *abattement* dans le même sens qu'*abatéis* (Voy. ABATIS). « *Abatement* d'arbres », dit Robert Estienne. — « *Abbatement* ou ab-
batis », dit Jean Thierry. — « *Abattement* se prend « pour l'action d'abbattre, ou la chose abbattue », dit le Nicot de 1584. Autant en disent Monet et Cotgrave, en 1630.

Mais, vers ce tems-là, le mot subit une révolution. On ne l'employoit qu'au propre ; on s'accoutuma à ne plus l'employer qu'au figuré. Le Père Pomey commença par enregistrer la double acception vers 1650; puis Richelet, en 1680, trancha dans le vif en disant : « Ce mot au pro- « pre, ne se dit, ce semble, pas; en sa place on « se sert du mot *abatis* ». Puis pour exemple du sens figuré, il cite Voiture : « Cette nouvelle le « met dans l'*abattement* ». Ici Voiture pourroit bien avoir été le révolutionnaire. Depuis Richelet, tous les grammairiens ont pensé comme lui.

Il est à remarquer que nous avons laissé vieillir et se perdre toutes les acceptions propres du substantif exprimant le résultat de l'action d'abattre. Nous sommes devenus trop pauvres après avoir été trop riches, puisque nous avions *abattement*, *abatéis*, *abateure* :

> Là oi une desconfiture
> De François, dont alors morut
> Environ mille à l'*abateure*.
>
> (Martial d'Auvergne, Vig. de Ch. VII.)

Nous avions encore abat : « Pour abat de chas- « cun chesne, est l'amende de six florins carolus ». (Coustumes de Haynaut, dans le Nouveau Coutumier général.)

Abaiage est cependant resté; mais à l'usage exclusif des marchands de bois et des bûcherons. Nous avons donc été surpris de le rencontrer dans un Discours d'ouverture prononcé en l'année 1843 par M. Charles Dupin, pair de France, aujourd'hui l'un des plus ardens ennemis de tout bouleversement politique. Ce discours est d'un grand intérêt pour ceux qui étudient sérieusement les pacifiques révolutions de la langue française : « Pour nous », dit M. Dupin, « hommes de « travail et d'utilité, concourons d'un commun « effort à soutenir l'edifice social que chaque am- « bitieux voudroit dégrader, démolir jusqu'à « certain degré d'abaissement, en acquérant ainsi « la popularité, pour la garder et l'exploiter, « jusqu'au moment où de nouveaux venus plus « subversifs, plus niveleurs que le premier, lui « raviront à leur tour sa popularité d'*obatage* ».

ABATTEUR, s. m. On ne l'emploie qu'au figuré, dans une façon de parler proverbiale : « Cet homme est un grand *abatteur* de bois, ou de « quilles ». Je n'admets donc pas l'exemple de l'Académie : « Ce bûcheron est un grand *abatteur* « de bois ». M. Feydel, dans ses savantes remarques sur le Dictionnaire de l'Académie (Paris, 1807), a très-judicieusement dit que le proverbe avoit son origine dans la chevalerie, et que l'on disoit d'un chevalier accoutumé à vaincre : c'est un grand *abatteur* de bois, comme on disoit de celui qui portoit sa lance avec grâce : il porte bien son bois. J'ajouterai que dans les tournois, les lices finissoient par être jonchées d'un amas de tronçons de lances, ce qui naturellement devoit ramener la pensée sur les plus grands *abatteurs* de bois de la journée. Grand *abatteur* de quilles est une expression heureusement ironique, par l'effet de l'opposition du bois des quilles au bois des lances.

Cotgrave s'est donc trompé, à mon avis, en prenant dans un sens ironique le grand *abatteur* de bois ; il eût mieux fait de citer deux vers de la xie satyre de Régnier, quand la belle qui le provoque et remarque son peu d'ardeur lui dit :

> Vous estes, je voy bien, grand *abatteur* de quilles!
> Mais, au reste, honneste homme, et payez bien les filles.

Je crois le mot *abatteur* très-ancien, bien qu'on ne le trouve pas dans les dictionnaires du xvie siècle. La citation de Régnier prouve qu'il remontoit pour le moins à ce tems-là.

ABATTOIR, s. m. C'est un endroit où les bouchers des grandes villes sont tenus d'assommer les bêtes dont ils vendent la chair. Il y a déjà long-tems que M. Barthélemy disoit avec attendrissement, en rappelant les journées de juillet 1830 :

> On respiroit partout un parfum d'*abattoir*,
> Parfum que la victoire évapore le soir.
>
> (Némésis, l'Annivers. des trois jours.)

Et bien des gens trouvoient la pensée fort naturelle. Il est certain que les hommes de la nature surnommés anthropophages n'auroient pas mieux dit.

Abattoir est entré pour la première fois dans le Dictionnaire de l'Académie en 1835. La Mare nomme *abatis* l'endroit où chaque boucher tuoit ses bêtes : « Les bouchers sont obligés d'avoir « dans leurs *abatis*, où ils tuent leurs bestiaux, « un puisart dans lequel tout le sang s'écoule ».

(Traité de la pol., t. i, p. 586, edit. de 1722.)

Les *abattoirs* ne se sont elevés en France, qu'à partir de 1807. En 1818, les cinq *abattoirs* de Paris etant achevés, Louis XVIII rendit une Ordonnance par laquelle il etoit prescrit aux bouchers d'y conduire tous leurs bestiaux pour les tuer. C'est donc dans les premières années du xixe siècle que le mot s'est introduit dans la langue française.

ABATTRE, v. a. L'origine de ce mot n'a rien de commun avec celle de bas et baisser. Battre vient en effet de *battuere*, frapper d'une verge ou d'une batte. *Abattre* est formé, comme beaucoup d'autres verbes, par l'addition de la préposition *ab*, qui lui donne une force extrême : battre tout-à-fait, — mettre hors de combat, — rendre battu. Mais de le faire venir, comme Ménage, de l'italien *abbattere*, cela ne serviroit de rien, puisque l'origine d'*abbattere* n'en seroit pas eclaircie, et que l'on trouve notre *abattre* dans les premiers monumens ecrits.

Le lexique du xiiie siècle l'emploie pour rendre le verbe latin *diruere*. C'est que l'etat d'un homme ou d'un objet battu est d'être tombé, renversé. Dès ce tems-là, on le prenoit au figuré comme au propre : dans la Vie de saint Grégoire, copiée en 1212 (manuscrit de Sorbonne, N° 1382), le poëte, voulant défier le mauvais vouloir des adversaires de saint Grégoire, dit :

> Que jà por ardeir ses escris
> Meins ne seroit ses nons chéris,
> Ne sa fame plus *abatue*.

Et dans la chronique dite de saint Magloire :

> En mil deus cens et vint et quatre
> Fist Tibaus sa monoie *abatre*
> La viés monoie de Provins.

Mais bien qu'il ne vînt ni de bas ni de baisser, la ressemblance des deux racines fit souvent confondre le sens de leurs dérivés respectifs. Ainsi, dans la chanson du Voyage de Charlemagne à Jérusalem, quand Genin s'engage à faire tomber un des deux deniers déposés sur une haute tour :

> Si me verrez lancer, si vus en prenez garde,
> Tresqu'al piet de la tor lo un denier *abatre*.

Il confond les deux racines baisser et battre. Ainsi le fait-on dans une foule de cas, comme *abattre* le jeu, abat-jour, etc., etc.

L'Académie semble avoir été trop loin en disant qu'*abattre* signifioit quelquefois assommer, *tuer*. Par exemple : Ce boucher *abat* bien des bœufs ; ce chasseur *abat* bien du gibier. Si, dans ces exemples, la mort peut résulter de l'action d'*abattre*, il n'en faut pas tirer la conséquence qu'*abattre* soit jamais synonyme de tuer, et qu'il ait un autre sens que renverser ou subjuguer.

On a dit en vénerie : *abattre* les chiens, pour: faire tomber les chiens sur la bête. Cette expression est pittoresque ; le peuple dit fort bien encore : il lui tomba dessus.

Dans le blason, *abattre* des armes, c'est les briser, les bâtonner, les charger d'un bâton ; comme *abattre* la monnoie, c'est en briser la représentation.

Proverbes : 1° « Petite pluie *abat* grand vent ». Rabelais l'a employé. On entend par là qu'une parole douce calme la passion d'un homme violent. 2° « Cet homme *abat* bien du bois » ; c'est-à-dire, il fait beaucoup de besogne, il avance beaucoup ses affaires. Cela est elégant. Au lieu de *bois*, dites : il *abat* beaucoup de besogne, et vous faites une phrase sans caractère, sans justesse, sans coloris.

ABAT-VENT, s. m. C'est un appareil qui sert à préserver du vent, du soleil ou de la pluie les ouvertures d'une maison, d'un clocher ou de tout autre edifice. Dans les maisons particulières, c'est une sorte de toile gommée tendue devant les fenêtres ; ou bien encore des espèces de jalousies ou persiennes. Il est même assez difficile de les distinguer du mot auvent, d'ailleurs plus usité, et je crois, mieux composé. Dans la tour des clochers, le peuple les nomme des *ouies*, par une allusion pittoresque à leur utilité, qui est de donner plus de sonorité aux cloches. On ne trouve *abat-vent* ni dans Robert Estienne, ni dans Nicot, ni dans Monet. Furetière semble l'avoir enregistré le premier avec l'orthographe d'*abavent ;* et c'est ainsi qu'on l'ecrivit jusqu'à l'avant-dernière edition de Trévoux, en 1732. Le Grand Vocabulaire se plaignit du *t* final qui, en effet, tranchoit une question fort douteuse ; le mot venoit-il d'*à-bas*, ou d'*abat*. Il est certain que pour les *abavens* des clochers, la première origine est plus naturelle que la seconde.

ABAT-VOIX, s. m. Ce mot est d'acquisition toute nouvelle, et jusqu'à présent l'Académie ne l'avoit pas admis. Elle auroit peut-être aussi bien fait de le négliger toujours ; car, enfin, est-il bien sûr que l'avance supérieure d'une chaire serve réellement à *abattre* la *voix* du prédicateur, et soit faite dans cette intention ?

ABBÉ, s. m. Il est de toute ancienneté. Seulement, au xiii° siècle, on prononçoit *abes* au nominatif, et l'on ne fermoit l'*é* qu'aux autres cas.

<blockquote>Mais li bons abes fist le moustier horder,
Por le defendre trois cens moines armer.
(Garin le Loherain, tom. i, p. 12.)</blockquote>

De là, le nom propre de *Bonabes*, porté fréquemment dans plusieurs familles, et, entre autres, dans celle des Rougé de Bretagne.

On commença, vers la fin du règne de Louis XIII, à donner, dans la conversation, le titre d'*abbé* aux jeunes gens de famille noble qui se destinoient aux emplois ecclésiastiques, même quand ils n'etoient encore que tonsurés. « D'autres y accouroient « pour entendre un prédicateur poli. C'etoit un « jeune *abbé* sans abbaye, c'est-à-dire, un tonsuré « de bonne famille, où l'un des enfans est toujours « *abbé* de son nom ». (Furetière, Rom. Bourgeois, 1666.)

—« Une de nos dames parlant l'autre soir de ces « tonsurés, qui, indifféremment, sont nommés « *abbés*, soit qu'ils soient de qualité ou qu'ils n'en « soient pas ; il est d'eux, dit-elle, comme des « garnitures des cheminées. Il y a des vases dorés « et des vernissés ; il y en a de cristal et de verre, « et tout cela est appelé porcelaine ». (Génie de la Langue françoise, p. 218. Paris, 1705.)

L'usage s'introduisit ainsi bientôt d'accorder le même titre à tous les aspirans aux bénéfices ecclésiastiques ; et de là le proverbe d'*abbé* de Sainte-Espérance. (Dict. des Prov. franç., 1749.)

Aujourd'hui qu'il n'y a plus d'abbayes, tous les ecclésiastiques, sans exception, sont honorés du titre d'*abbé*. M. l'*abbé* Affre, M. l'*abbé* Lacordaire, l'*abbé* Chatel, etc.

L'*abbé commendataire* etoit un ecclésiastique séculier nommé par le roi, et pourvu par le pape d'une abbaye dont il touchoit les revenus sans présider à l'administration intérieure. Je ne crois pas que l'expression *abbé* commendataire ait eu ce sens précis dans le latin juridique, avant le xvi° siècle ; Rebuffe (Praxis beneficiorum) paroît même s'en être servi le premier. Plus anciennement, le commendataire etoit l'evêque qui percevoit le fruit des bénéfices diocésains durant les six mois qui suivoient la vacance.

Proverbes : 1°« Pour un moine on ne laisse pás « de faire un *abbé* »; c'est-à-dire, l'absence d'un seul n'empêche pas de procéder à une election. (Dict. des Prov., 1749.)

2°« Le moine répond comme l'*abbé* chante ». Allusion à la liturgie. L'abbé entonne le premier verset des psaumes, et les moines poursuivent sur le même ton. Ce proverbe est moins usité en France qu'en Espagne, d'où il nous est venu : « Come « canta el abad responde el monasillo ». (Basnage, 1708.)

3°« L'*abbé* mange en couvent ». « Heteriarcha « epulatur cum sodalibus »; (Nicot.) c'est-à-dire, qu'il faut vivre avec les siens, avec ses vassaux, dans ses terres. Ce proverbe a bientôt été parodié : « L'*abbé* mange le couvent ». Oudin et M. Leroux de Lincy ne rapportent même que cette ridicule contrefaçon.

4° « *Abbé* et couvent ce n'est qu'un, mais la «bourse est diverse »; (Proverbes communs, imprimés au xve siècle.) c'est-à-dire, que mari et femme, père et enfans n'ont pas les mêmes intérêts, les mêmes revenus, les mêmes dépenses.

5°«Nul ne connoit la malice comme l'*abbé* qui « a été moine ». (Cotgrave.)

On disoit encore : face, ou figure, ou teint d'*abbé*. Table d'*abbé*, etc.,—jouer à l'*abbé*. Le jeu consiste, dit Oudin, à imiter celui qui marche le premier, en tout ce qu'il fait. L'*abbé*, c'est aussi l'amphitryon d'une débauche, d'une partie de cabaret.

ABBESSÉ, s. f. Au xiiie siècle on ecrivoit *abaesse*, ou *abéesse*, comme dans notre lexique msc. Le redoublement du *b* est un souvenir du latin *abbas*; mais on a toujours prononcé brève la première syllabe d'*abbesse*; il eût donc mieux valu conserver l'ancienne orthographe *abesse*.

L'*abbesse* se prend fréquemment depuis plus d'un siècle d'une façon ironique, pour désigner la directrice d'une maison de prostituées.

ABBAYE, s. f. Ce mot est de toute ancienneté. On a ecrit, *abbéie*, *abéie*, *abaïe*, *abbaïe*, et même anciennement *abbaye*, qui représente le plus mal la véritable prononciation.

> Sainte Genevieve la grant,
> I est, où a riche *abbaïe*.
>
> (Dit des moustiers, Rec. de M. Jubinal. Tom. ii, p. 107).

On a dit en proverbe : 1°«Pour un moine l'*ab- « baye* ne faut pas »; c'est-à-dire, à défaut d'une personne, on ne laisse pas de se réjouir, de diner, ou de travailler. 2° « L'*abbaye* de Monte-à-regret »; (Oudin.) c'est l'echelle des pendus. Allusion bouffonne aux nombreuses abbayes dont le nom composé commence par *mont*, Montirender, Montreuil, Montmartre, etc. 3°« Il est de l'*abbaye* « de Longchamps, il tient des dames »; (Oudin.) c'est-à-dire, il a des obligations aux dames, de l'amour pour elles, des habitudes auprès d'elles, etc. L'abbaye de Longchamps possédoit aux portes de Paris environ 250 arpens de terres, dont une partie etoit cédée à de riches particuliers sous la condition d'une redevance annuelle; de là, l'occasion du proverbe. 4° « L'*abbaye* est bien pau- « vre quand les moines vont au gland ». (Oudin.) Je pense qu'il faudroit ecrire glan : quand les moines vont glaner.

ABBATIAL, ALE, adj., formé du bas latin *ab- batialis*, qui ne se rapportoit pourtant qu'à l'*abbé*; *abbatissalis* etant pour l'abbesse. Il doit avoir été employé dès le xvie siècle; mais c'est dans Cotgrave, 1633, que je le trouve pour la première fois.

ABCÈS, s. m., transporté, par les chirurgiens, de la langue latine dans le français. «Si «intra transversum septum fit *abcessus* ». « S'il «se forme un *abcès* dans le diaphragme ». *Abcès* n'est pas ancien chez nous; au xvie siècle on ne connoissoit encore que le mot *apostume*, et Richelet paroît avoir le premier, en 1690, enregistré *abcès*. Furetière l'ecrivit ensuite *absés*, puis Trévoux *abscès*. *Apostume* est devenu vieux; mais il semble que les médecins, après l'avoir long-tems méprisé, recommencent à le préférer.

ABDIQUER, v. act. Du latin *abdicare*. On ne le dit qu'à l'occasion de fonctions souveraines ou de sentimens qui touchent à la dignité humaine. Ainsi: *abdiquer* la couronne, ou *abdiquer* le nom d'homme,—le titre d'homme libre, — d'homme d'honneur, etc.

Ce mot n'est pas ancien dans la bonne langue française, mais bien dans l'ancienne jurisprudence, où il avoit le sens absolu de délaisser. Cependant M. Raynouard en a trouvé un exemple ancien dans les chartes provençales, avec une application restreinte à l'abandon solennel du pouvoir souverain. Le lexique du xiii⁰ siècle rend *abdicare* par refuser, et le Calepin de 1578, par rejeter, désavouer, etc. Je l'ai reconnu pour la première fois dans les additions de Cotgrave, édition de 1650, mais avec le signe affecté aux expressions peu elégantes et rarement employées. Il se peut que l'arrivée de la reine Christine en France, en 1656, ait contribué à lui donner de la vogue.

ABDICATION, s. f. C'est le latin *abdicatio;* mais il est entré dans la langue française un peu plus tard que le verbe abdiquer, c'est-à-dire, à l'epoque de l'arrivée de la reine de Suède en France. Je le trouve pour la première fois dans une lettre ecrite par Christine à l'ambassadeur Chanut, sous la date du 5 mars 1654. «Je vous ai « rendu compte autrefois des raisons qui m'ont « obligé à persévérer dans le dessein de mon *ab-* « *dication* ». (Recueil des harangues faites à la reine de Suède, par Rangouse. Paris, 1656.)

ABÉCÉDAIRE, s. m. Dans cette acception, aujourd'hui reçue, il n'est pas ancien; je ne le crois pas antérieur au xviii⁰ siècle. Mais au xvi⁰, Montaigne avoit hasardé l'adjectif *abecedaire,* dont on trouvoit des exemples latins dans saint Augustin et dans d'autres auteurs du iii⁰ siècle. « Il y a ignorance *abecedaire* qui vaut la science ». (Essais, liv. i.) On a dit ensuite livres *abécédai- res*, « tels que ceux de M. Dumas, inventeur « du bureau typographique; ils traitent des let- « tres par rapport à la lecture, et apprennent « à lire avec facilité ». (Dict. de Trévoux, 1771.) Mais l'usage de notre tems a converti les deux mots, livres *abécédaires*, en un simple substantif.

ABÉE, s. f. C'est l'ouverture faite à l'extrémité de l'ecluse, pour l'eau que l'on veut faire tomber sur la roue d'un moulin. Il a d'abord été enregistré par Furetière. On le trouve, dit-il, dans la Coutume de Loris, ch. x.

Mais il est à croire qu'il devoit être ecrit la *bée*, c'est-à-dire, l'ouverture, et non pas l'*abée* ou l'*abbée*, comme le veut Furetière; car le participe *béant* est encore pris dans cette unique acception, et Nicot non-seulement donne l'exemple de gueule *bée*, mais il fait encore très-bien remarquer que *béer*, *bayer* ou *bailler*, ont une même

racine. On peut voir, dans les continuateurs de Du Cange, plusieurs exemples précieux de l'emploi de *bée :* « Palorum series quæ ad continendam « aquam, quò validius rotam torqueat, solet supra « molendinum infigi». Cette définition, au reste, convenoit mieux à la vanne qu'à la *bée*. Mais plus loin, au mot *beare,* les Bénédictins, entre autres exemples, citent sous la date de 1380: « Ledit Guiennois ouvrit sa fenêtre, et parmi la « *bée* d'icelle fut asséné d'une pierre au visage ». M. Feydel avoit fait avant moi des observations analogues sur ce mot.

ABEILLE, s. f. Ce mot, dont l'origine est sans doute *apicula*, est passé de la langue d'oc dans la langue d'oui. De toute ancienneté, les Provençaux ont dit *abelha,* et les Espagnols *abeja;* mais vers le nord de la France on disoit: en Anjou, *avettes* ou *avets;* en Touraine, *aveille;* en France, *eps* ou *ées*. Exemples : «Les *ées* sont fele- «nesses et laissent lor aguillons ès plaies qu'elles «font. Mais nature a ordené que li rois des *ées* «n'a point d'aguillon ». (Proverb. de Senèque.) « Cil qui emble *avettes*, que l'on appelle *eps* en « France et *beilles* (lis. abeilles) en Poitou, l'on li « doit crever les œils». (Anc. Coutume d'Anjou.) Mais, vers la fin du xiv⁰ siècle, on disoit mieux encore, à Paris, *mousches à miel*, comme on le voit dans le lexique du xiii⁰ siècle, et on laissoit aux provinciaux la liberté de choisir entre *avettes, aveilles* et *abeilles*. Cette dernière prononciation avança peu à peu du midi au nord par le Poitou. Robert Estienne et Nicot renvoyoient encore d'*a- beille* à *aveille :* « *Aveille* et *avette*, pour *mousche* « *à miel*. Mot duquel on use en Touraine et An- «jou. Semble qu'il vienne de *apicula*. Aucuns «prononcent *abeille* ». Pierre Sala, ecrivain lyonnois, ecrivoit en 1516 : « Celle qui ne sommeille «me dit, sçaiches de voir que une mousche *aveille* «n'a tant desir d'avoir du miel, que j'ai de voir «des livres ». (Hardiesses des Rois. — Msc. du roi, n⁰ 7075, f⁰ 2.)

Il est à croire que c'est aux bons poètes du xvi⁰ siècle que nous devons le retour franc et général du joli mot *abeille*, qu'ils trouvèrent tout autrement commode que celui de *mousche à miel*. Il faut en effet remarquer que les prosateurs, encore long-tems après, s'obstinèrent à préférer cette dernière expression. La Fontaine, dans la belle fable des Frelons et des Mouches à miel, l'emploie comme on voit dans le titre, et réserve celui d'*abeille* pour le récit poétique. J'ai trouvé *abeille*, pour la première fois, dans la traduction des Métamorphoses d'Ovide, par Fr. Habert. (Paris, 1573.)

> D'un bœuf pourri les *abeilles* sont nées,
> Et comme bœufs au labeur adonnées.
> (Liv. xv, p. 923.)

Proverbe : «Les *abeilles* ne deviennent pas fre-«lons». (Cotgrave.)

ABEQUER, v. a. L'Académie dit que ce mot est familier ; il est, en tous cas, d'un usage assez rare, et pourtant c'est un ancien terme de fau-cònnerie bon en lui-même. Nicot l'interprête : « Mettre en appétit un oiseau, lui donner une «foible part de son manger pour l'exciter à «mieux voler ». Il cite un exemple de Blaise de Vigenère, trad. de Chalcondile, en 1577 : «N'a-« voir été qu'*abequez* et non repeus à suffisance ». Nicot a raison ; mais il est certain que, plus an-ciennement, *abequer* avoit le sens de donner la becquée, faire ouvrir le bec au jeune oiseau pour le nourrir. Ainsi, dans le livre du Roi Modus, on lit : « Tu donc lui dois donner de char haée en « ceste manière : *abeche* lui au matin si qu'il ait « la fosse de la gorge pleine »... Cette accep-tion ancienne est encore celle d'aujourd'hui.

ABERRATION, s. f. Le vrai sens du mot est ecart, excursion déréglée. Il est entièrement latin, et dérivé du verbe *aberrare* (errer en dehors).

Nous ne l'avons admis que depuis le siècle der-nier ; et d'abord on en restreignit l'emploi au mou-vement de déclinaison apparente des etoiles fixes en certains cas. Je pencherois à croire que c'est l'astronome anglois Bradley qui fut l'occasion de son introduction dans le langage vulgaire as-tronomique, lorsqu'il prouva, en 1727, dans son Traité *De Stellarum aberratione*, que l'*aberra-tion* signalée depuis quelque tems etoit une illu-sion naturelle d'optique.

Il n'y a pas plus d'un demi-siècle qu'on a donné à cette expression le sens moral d'ecart d'imagi-nation, —d'esprit, — ou de jugement. Le mot est si bien fait, a de si bonnes racines, qu'on doit l'admettre sans scrupule. Il est, pour la pre-mière fois, enregistré dans l'acception astrono-mique, par l'Académie de 1762, et dans l'accep-tion morale, par l'Académie de 1835.

Le dictionnaire du xiiiᵉ traduit très-exactement *aberrare* par *forvoier*. Le néo-français admet *aberrer*.

ABÊTIR, v. a. et v. n. Ce verbe est de fort peu d'usage, et j'hésiterois à l'employer dans la conversation. Pour exprimer les idées du même genre, on doit préférer le mot abrutir, bien au-trement energique et expressif. Cependant Vol-taire l'a placé dans ses Facéties : « A quinze ans « un jésuite m'enquinauda : je fus novice ; on « m'*abêtit* pendant deux années ». Montaigne avoit dit aussi, dans un sens analogue : « Com-« bien ai-je vu de mon tems d'hommes *abes-*«*tis* par téméraire avidité de science»! (cité par Legoarant.) Il est formé, non pas du latin *bestia*, comme le veut Furetière, mais du français *beste*, aujourd'hui *bête*. Nicot ne donne pas *abestir*, mais seulement *abester*, fournir de bestes. Exemple : *abester* un parc. Il eût mieux valu conserver ce-lui-ci que confirmer celui-là.

AB HOC ET AB HAC. Ces mots latins, qui signifient : *par ci*, *par là*, ou *de ci*, *de çà*, sont consignés dans tous les dictionnaires français, et mériteroient de ne l'être dans aucun d'eux. Pour-quoi ne pas mettre aussi bien *coram populo*, et *vice-versa*, et tant d'autres expressions latines qu'on nous permet de glisser en conversation? *Ab hoc et ab hac* est du patois de la vieille Sor-bonne et de l'ancien barreau : mais une femme doit s'abstenir de l'employer ; il n'est donc pas reçu dans la bonne compagnie française. Tré-voux reproduit l'exemple assez bizarrement choisi par Basnage (1710):

> Ci gît monsieur de Clezac,
> Qui baisoit *ab hoc et ab hac*.
> (Ménage.)

et je demande pardon de l'avoir répété après les R. P. de la C. de J.

ABHORRER, v. a. C'est le latin *abhorrere*, dans l'acception directe, comme l'ont employé Suétone et Tite-Live. Les Provençaux l'avoient reçu dès l'origine, et M. Raynouard a trouvé des exemples d'*aborrir* et d'*aorrir* dans le Bréviaire d'Amor, et dans les poésies du xiiiᵉ siècle. Il fut reçu plus tard dans les dialectes du nord ; le lexi-que du xiiiᵉ siècle rendant encore *abhorrere* par *espoventer*. Au xviᵉ siècle on commençoit à l'admettre, mais on préféroit *abhorrir* à *abhorrer*, bien que Jean Thierry, en 1564, les eût proposés tous deux. Amyot, dans la Vie d'Antoine, a dit des Romains qu'ils « détestoient et *abhorrissoient* « encore ce nom de roy »; et Louis Le Caron, ou Charondas, dans une pièce de vers intitulée La Poésie, en 1554 :

J'abhorrissois les faveurs d'une amie.

De cette orthographe, Antoine Chapuis a déduit *abhorrissement;* tandis que Brantôme ecrivoit : « Il n'y a rien qui pousse tant à la vertu, que « l'honneur et l'*abhorrement* du vice ». (Cap. fr. Tom. I.) On disoit fort bien aussi : « Etre *abhorrent* « de quelque chose ». (Thierry et Nicot.) Enfin Racine a dit dans Phèdre :

Je m'*abhorre* encore plus que tu ne me détestes.

ABIME, s. m. François d'origine, le texte des livres saints en ayant toujours fait sentir la nécessité. C'est le latin *abyssus* ou mieux son régime *abyssum.* Nous avons commencé par dire *abisme :*

Biaus sire Diex, rois glorious, antisme,
Qui forma ciel, terre et mer et *abisme.*
(Traduction de saint Grégoire, en 1212.)

Les lexiques du XIIIᵉ siècle et du XIVᵉ, donnent *abesme* et *abisme.* Il demeura féminin jusqu'à la fin du XVIᵉ siècle :

Mers et *abismes* profondes

a dit Molinet; et sous Louis XIII encore, l'abbé de Cerisay :

Et qui voudroit percer les *abismes* profondes
Pourroit plutôt sonder les *abismes* des ondes.
(Paraphr. du psaume 88.)

Mais il est vrai que Templery le lui reprocha, et que dès-lors le masculin prenoit le dessus.

On ecrivoit naguère encore *abyme;* l'Académie de 1835 nous a ordonné de préférer *abîme.* Nous obéissons, mais nous ne nous tairons pas. Pourquoi ce changement, en effet, dans un mot qui représente le latin *abyssus?* Direz-vous que l'accent circonflèxe tient la place de l'*i* long? Vous vous tromperez, car en règle générale, cet accent ne doit indiquer que la suppression de l'*s* ou de l'*e*, non la quantité d'une syllabe. *Abisme* pourroit donc être remplacé par *abîme;* mais non pas *abyme*, par ce même mot d'*abîme.*

D'un autre côté, le mot venant immédiatement du latin, l'Académie ne pourroit justifier son innovation par la règle dangereuse qu'elle vou-

droit etablir, et qui consiste à supprimer l'*y* dans tous les mots où cette lettre ne remplace pas l'*upsilon* grec. Règle dangereuse, je le répète, puisque notre *y*, en dépit de son nom, est une lettre très-française, un *i* long, et que nos pères l'employèrent toujours sans egard aux origines grecque, latine ou barbare des mots. Quoi de plus hardi, même de la part d'un corps illustre, que la défense faite en 1835 à tout historien français d'ecrire le nom de Henri IV ou celui de Bernai, comme signoit Henry IV, et comme l'autorité de tous les siècles précédens nous obligeoit à ecrire la dernière syllabe des noms de lieux! Supprimez l'*y* dans les prétérits *voioit, croioit*, etc., dans les *ieux*, dans il *i* avoit, l'inconvénient sera moindre; car, pour les finales, l'*i* long marque la contraction *acus, icus, iacus,* et ce n'etoit pas trop d'un *y* pour remplacer quatre ou cinq lettres. D'ailleurs cet *y* distingue admirablement les noms d'origine française, des noms italiens : Teligny, de Savelli, Montmorency, d'Alberti, etc. L'Académie, nous l'espérons, reviendra sur une décision qu'il est impossible de ne pas désapprouver.

Abîme offre, pour le blason, une acception singulière. Il se dit d'une pièce placée au centre de l'ecu, et sur le plan le plus reculé. Ainsi l'ecusson ordinairement brochant sur le tout ne doit pas être dit en *abîme.* Je croirois volontiers que les pièces en *abîme* représentent le contre-scel des sceaux, placé à l'endroit de l'ecu où la boucle etoit saillante. Le héraut supposoit que la boucle etoit dévissée et indiquoit en *abîme* le petit blason du revers.

ABIMER, v. n. Le premier et le plus raisonnable sens de cette expression, est : enfoncer dans un abîme. Ainsi Georges Chatelain, au XVᵉ siècle :

J'ay veu peuples confondre,
Et royaume trembler,
Chasteaux et villes fondre
Et cités *abismer.*
(Chron. métriq., edit. de Reiffenberg, p. 62.)

Mais elle ne devoit pas garder long-tems sa propriété. Aujourd'hui le sens neutre que nous venons de mentionner est le moins usité. On dit : tu *abîmes* mon chapeau, — mon habit. Je suis fâché de voir ces exemples autorisés par l'Académie, et, pour la première fois, en 1835. Il faut pourtant les expliquer. *Abîmer*, de neutre, devint bientôt actif. On dit en chaire : Dieu *abîmera* cette ville,—cette nation,—les impies, etc. Et, dans ce cas, *abîmer* se rapproche du sens de détruire, exterminer, réduire à néant, etc.; de là, plus tard, tu m'*abîmes* pour tu me déchires, tu me perds, tu me réduis à rien. Mon chapeau est tout *abîmé*, etc. , etc. Cependant, rien ne sauroit être plus impropre qu'une semblable façon de parler? Beaucoup mieux vaut : être *abîmé* de dettes, parce qu'on a d'abord pu dire : un abîme de dettes.

Voltaire qui n'auroit jamais toléré : tu *abîmes* mon chapeau, n'a pas pardonné à Corneille d'avoir dit dans Sertorius :

> Tandis qu'en esclavage un autre hymen l'*abyme.*

Mais la raison qu'il donne de sa répugnance ne me satisfait pas : « Un esclavage, dit-il, n'est pas profond »; je réponds que l'esclavage peut être aussi profond que la honte, le désespoir, etc., et l'on approuveroit, il me semble : *abîmé* dans la douleur,—dans l'humiliation,—dans la honte. En relevant ainsi les vers de Corneille, Voltaire avoit peut-être en vue de faire de la peine à l'un de ses ennemis, La Bletterie, qui avoit fort bien dit dans sa traduction de Tacite : « On vit cette nation « si libre tomber dans l'*abyme* de la servitude, et « s'y enfoncer de plus en plus ». « Il y a », dit encore ici Voltaire, « une infinité d'expressions louches « qui font peine au lecteur : on en sent rarement « la raison, on ne la cherche pas même; mais « il y en a toujours une, et ceux qui veulent se « former le style doivent toujours la chercher ». On ne peut mieux parler; mais ici l'idée louche ne vient-elle pas de ce que Corneille, forcé par la mesure, n'a pu dire :

> Tandis que dans l'esclavage un autre hymen l'*abyme.*

L'expression *abymer* a trop de force en effet pour pouvoir se contenter du complément vague, en esclavage. Ainsi, on ne souffriroit pas : se noyer en larmes, etc., etc.

AB INTESTAT. Manière de parler latine. (Ab intestato), qui ne devroit jamais déborder du palais dans la société.

AB IRATO. Mots latins qui ne devroient pas figurer dans les dictionnaires français. Il a, pour la première fois, un article dans l'Académie de 1835.

ABJECT, adj. Il est déjà dans Robert Estien-ne ; mais je ne le crois pas antérieur au commencement du xvi° siècle. C'est le latin *abjectus*, participe d'*abjicere*, et Cicéron l'avoit employé dans un sens analogue : « Nihil *abjectum*, « nihil humilè cogitant ». (De finibus, V.) Quelque latiniste l'aura le premier hasardé, et puis il a echappé, je ne sais comment, à la réforme orthographique, bien que Furetière ait ecrit *abjet*, *abjette*, et que le grand vocabulaire 1767, ait encore dit : « Il faudroit supprimer un *c* qui est « oisif, et ecrire *abjet* ». Ne disons pas que le *c* a été respecté, par egard pour l'abjection, car nous ecrivons objet, qui fait cependant objecter et objection.

ABJECTION, s. f. C'est le latin *abjectio*, plus nouvellement admis que l'adjectif abject. Le lexique du xiii° siècle, rend *abjectio* par *jêtement*, et Calepin au commencement du xvi° par : lascheté de cœur et mépris. Cependant les Provençaux l'avoient accepté dès le xiv° siècle. (Voy. Raynouard. T. iii, p. 472.) Dans les Dictionnaires d'Estienne, de Thierry, de Nicot, il n'en est pas fait mention; le père Monet semble l'avoir autorisé le premier, puis Cotgrave. « Ce mot, dit Ri-« chelet, signifie abaissement, et il se dit dans les « matières de piété ». — « Le mot vieillit », ajouta Furetière, quand il eût été plus exact de remarquer qu'il n'etoit pas encore admis communément. Les prédicateurs lui donnèrent un bon coup d'epaule, et Trévoux disoit, en 1732 : « On « ne se sert guère de ce mot que dans les livres « ou les discours de dévotion; mais il y est fort « en usage ». L'*abjection*, de nos jours, est à l'usage de tout le monde.

Monet avoit donné place à l'adverbe *abjectement*, que l'on n'a pas accueilli.

ABJURATION, s. f. Usité long-tems avant le verbe abjurer, dans le français juridique d'Angleterre. «*Abjuration*», dit Williams Stanfor, cité par Du Cange, « est un serment que home ou « fème preignent quand il ont commise félonie, « et fuient à l'eglise ou cimitoire, pour tuition de « leurs vies, eslisant plus fort perpetuel bannisse-« ment, hors del réame, que d'estre trié de félo-« nie ». C'est donc ici l'action de répudier le pays natal, en jurant de ne plus y reparoître. Je ne crois pas que cette acception ait jamais été admise dans la jurisprudence française. On trouve *abju-*

ration ou abnégation dans un lexique français-latin du XVe siècle, que j'ai vu, il y a quelques années ; cependant l'un et l'autre mot demeurèrent à peu près inusités jusqu'à la fin du XVIe siècle. Le grand Dictionnaire des rimes de 1624 me semble un des premiers qui l'ait reçu. Dans Calepin, *abjuratio* etoit le reniement ecrit de quelque chose. Monet l'omettoit encore en 1632, et Cotgrave acceptoit le seul *abjurement*, que les Provençaux du XIIIe siècle avoient déjà, mais auquel ils ne donnaient pas encore le sens que nous lui reconnoissons aujourd'hui.

ABJURER, v. act. Le mot latin *abjurare* se prend dans les meilleurs auteurs pour : renier quelque chose avec serment. (Rem creditam negare.) Chez les jurisconsultes et dans les chartes du moyen-âge, *abjurare terram* signifie : quitter le pays en jurant de n'y plus remettre les pieds. Il se rend en vieux français par *forjurer ;* de même que l'etat de celui qui promettoit par serment de demeurer comme ôtage en un certain pays etranger, etoit exprimé par le mot *forostagié.*

Du Cange ne cite aucun exemple ancien du verbe français *abjurer*, et je ne le crois pas antérieur à la fin du XVIe siècle. Il est dans le journal de Henri IV, sous l'année 1593, tom. I, p. 342, edition de 1741 : « Le roy étoit résolu d'*abjurer* « l'hérésie ». Cependant, il n'est pas encore dans Monet ; et Cotgrave l'a donné le premier avec le sens qu'il conserve. C'est à peu près à l'epoque du changement de religion de Henri IV qu'il prit ouvertement faveur. A force de voir le verbe latin *abjurare* dans les thèses, dans les bulles et dans les sermons, on s'accoutuma à dire en français *abjurer* l'hérésie ; et l'acte devint si commun à partir du règne de Henri IV, qu'on etendit bientôt le sens du mot à d'autres démonstrations analogues. Ainsi l'on *abjura* des sentimens de haine et de vengeance ; on abjura toutes défiances, et nous serions tentés d'en restreindre l'usage à la renonciation de mauvaises passions ou de religions fausses, si Pascal n'avoit pas dit : « Elle a « *abjuré* tout sentiment de pudeur et de vertu ». Souvent encore, on employa le mot d'une façon absolue, mais seulement en matière de religion. Par exemple : M. de Turenne *abjura* dans cette église, etc.

ABLATIF, s. m. C'est un terme de grammaire qui, répondant à : ce qui enlève, forme le sixième cas de la déclinaison des noms latins. La désinence qui marquoit l'*ablatif* et souvent aussi le datif [1] est remplacée en français, avec un certain avantage pour la clarté du discours, par une des trois prépositions *à, de, par.* Nous n'avons donc pas de cas *ablatif,* bien que le mot soit français presque dès l'origine. L'ancien Provençal ecrit *ablatiu ,* et le Dictionnaire français-latin du XVe siècle, *ablatis.* Bien des grammairiens admettent cependant les cas, dans nos langues néo-latines, mais c'est pour en avoir perdu de vue la signification expresse. L'*ablatif* absolu ne me semble pas non plus avoir d'analogue chez nous. En latin, la difficulté consiste dans la présence du cas *ablatif* au commencement d'une phrase ; mais nous n'avons pas recours, en pareille circonstance, aux prépositions de séparation. Ainsi, pour *quo facto,* nous disons : cela fait, ou cela etant fait. C'est donc tout simplement chez nous une ellipse, d'autant moins embarrassante, que l'absence de cas prévient l'amphibologie qui seroit résulté en latin de l'emploi du nominatif *quod factum.* C'etoit même uniquement afin d'eviter cette confusion que les Latins avoient eu recours à leur *ablatif* absolu.

ABLATIVO. Suivant l'Académie, c'est une expression proverbiale et populaire qui ne s'emploie que dans cette phrase : *ablativo,* tout en un tas. Pour moi, je penche à croire qu'elle n'appartient qu'à la langue des moutons de Dindenaut. Qui de nous l'a jamais entendue dans la bouche d'un homme du peuple ? elle n'est donc pas populaire. Quel sens y peut-on d'ailleurs attacher ?

C'est Oudin qui en a *enrichi* la plupart des lexiques. Il a dit le premier, dans ses Curiosités françaises : « *Ablativo,* tout en un tas. « Id est, *confusément.* Vulgaire ». J'ignore d'où il avoit tiré cela, et si le peuple le disoit autrefois, il est certain qu'on ne le dit plus. Furetière s'etoit gardé de l'enregistrer en 1690 ; mais, du fond de la Hollande, Basnage avoit cru devoir l'ajouter à l'edition posthume qu'il donna du Dictionnaire universel. Et, toujours avec le même sens, il fut admis dans les Trévoux, dans les

[1] « Dativi etiam et *ablativi* omnes, antiquitus, tam apud « Latinos quam apud Græcos similiter cadebant ; et hodie « quoque in plurali numero eodem fine terminantur... Cujus « a terminatione nomen habet. » Scioppius. Institut. Grammat. Latin, p. 103.

editions de l'Académie, etc. Il est, je le répète, inconnu partout ailleurs que dans les dictionnaires.

ABLE ou **ABLETTE**. Petit poisson qui a le dos vert et le ventre d'un blanc de nacre ; confondu souvent avec le verron. C'est le mot latin *albus*, que l'on a dit sans doute pour *alburnus* en transposant la deuxième lettre et la troisième ; comme de marbre on a fait souvent *mabre*, *abre*, au lieu d'arbre, etc. Ausonne a nommé l'*alburnus* dans sa description de la Moselle :

> Quis non et virides volgi solatia Tincas
> Novit, et *Alburnos* prædam puerilibus hamis.

« *Alburnos*, arbitror esse », dit Pierre Gille (de Gallorum nominibus piscium, 1533), « quos vulgò « *ablos* nominamus ». Suivant l'auteur du livret *De nominibus piscium* (Robert Estienne, 1545), on disoit encore, en Saintonge, aubourne au lieu d'*able*, et peut-être doit-on etendre ce dernier mot à toute l'espèce dite des poissons blancs.

ABLEGAT, s. m. Envoyé ou légat extraordinaire du pape. Cette charge répond à celle d'ambassadeur extraordinaire des autres souverains de l'Europe. La définition de l'Académie, vicaire d'un légat, ne semble pas suffisante : l'*ablegat* n'etant aucunement dans la dépendance du légat.

ABLERET, s. m. C'est une espèce de filet ordinairement carré, fixé à l'extrémité d'une perche ou baguette, avec lequel on pêche les petits poissons ou poissons blancs.

« L'on peut pescher en icelle à la ligne, à trois « poils seulement, sans en pouvoir estre reprins, « et aussi à l'*ableret*, autrement appellé le quar- « ré ». (Coustumes de Menetou s. cher, dans le Coutumier général.)

On disoit auparavant *ablere*, et peut-être faudroit-il l'interpréter ambleur plutôt que *rete albi* ou *alburni*, comme s'accordent à le dire les précédens etymologistes. Ordonnance de Philippe de Valois, du mois d'avril 1328 : « Nous « deffendons les *ableres* essener à terre »; (Ord. des R. de F. T. II, p. 12.) c'est-à-dire, nous défendons de fixer sur les bords de la rivière des *ableres*. — Dans un inventaire de l'année 1511, cité par les nouveaux editeurs de Du Cange, on lit : « Ung sac à pequier poisson... ung *ablière* et « quatre fillez...»

ABLUTION, s. f. Il ne se dit que d'une pratique religieuse. Faire des *ablutions*. Le prêtre, en versant de l'eau dans le calice et en la répandant sur ses doigts après la communion, fait l'*ablution*. Les Musulmans sont obligés à plusieurs *ablutions* chaque jour, etc.

A propos de ce mot, qui n'est pas de la langue primitive, puisque le dictionnaire du XIII° siècle rend *ablutio* par lavance, nous remarquerons la pauvreté de la bonne langue française, relativement à l'action de laver. Le latin *lavatio* n'a pas été admis. Lavement, dans le sens qui s'y rapporte, ne se dit guère que pour les pieds ou tout au plus les mains, et encore dans un sens religieux. Lotion, formé de *lotio*, ancienne corruption latine de *lautio* ou *lavatio*, est réservé pour la langue médicale. Je crois que la cause de cette disette est un des sens attribués, il n'y a guère plus d'un siècle, au mot lavement; il a donné de la répugnance pour l'acception naturelle et primitive. Nicot ne fut pas entendu quand en marquant *ablution*, il recommandoit d'user plutôt du mot lavement.

ABNÉGATION, s. f. Latin *abnegatio*. C'est une expression du style religieux que l'on trouve déjà dans le lexique du XV° siècle, comme synonyme du latin *abjuratio*, mais que, de nos jours seulement, on a transportée dans l'elocution de la tribune et du barreau. Nous entendons souvent les orateurs politiques faire *abnégation* de leur intérêt personnel, — de leurs sentimens propres, etc. — Il y a un Traité de l'*abnégation* intérieure, fait par le cardinal de Bérulle, au commencement du XVII° siècle.

L'Académie dit : « Il n'est usité que dans cette « phrase : l'*abnégation* de soi-même ». Fort bien, dans les editions précédentes, où elle s'arrêtoit à cet exemple. Mais, dans la nouvelle, elle ajoute : « On dit encore : *abnégation* d'intérêt, — « de sentimens, etc. ». Elle devoit donc modifier la première sentence.

ABOI, s. m. Voix du chien. Nous devons cette expression imitative aux Latins qui avoient le verbe *baubari* et sans doute le substantif *baubatus*, qu'ils prononçoient *boari*, *boatus*. Avant le XVII° siècle, on admettoit la double prononciation d'*abbai* et d'*aboi*, et l'un et l'autre sont français de race.

Des chiens comence li *abois* et li cris. . .
Quant il entent le grant *aboi* des chiens.

(Garin le Loherain, II, p. 225 et 226.)

Assez i out, parmi, manaces
Et orguilz diz parmi les places. . .
Follent le; mais bien le sai
Que mult prise poi lor *abai;*
Queque chascun die et retraie
C'est cil qui point ne s'en esmaie. . .

(B. de Ste-Maure. Chr. des ducs de Norm., tom. II, p. 24.)

Bourdelot remarque qu'*abbay* et *abbayer* etoient admis de préférence en Anjou, Saintonge et Poitou; il auroit pu ajouter en Normandie et même dans la Champagne, patrie de Benoît de Sainte-Maure.

Les acceptions du mot sont toutes empruntées aux souvenirs de la chasse. Mettre un cerf aux *abois*, c'est le réduire à entendre de tous côtés le cri des chiens qui ne tarderont pas à le déchirer. « Cela n'est rien au prix que de voir le cerf « sortir de l'estang et à force, estre mis aux *ab-* « *bois*, lorsque les chiens courans lui pendent « aux fesses, en sorte qu'ils l'abattent et rendent « mort ». (Amadis des Gaules, liv. IV.) On disoit encore dans le même sens : faire rendre les *abbois;* mais ainsi que l'a remarqué H. Estienne dans le Discours de la précellence du langage français, « ce pourroit sembler estre plustôt se « rendre aux *abbois* ». Dans ces vers de Remy Belleau :

Aussitost que ces avocas
Nous ont empielé une fois,
Ils nous font rendre les *abbois.*

Belleau confondoit, comme encore aujourd'hui bien du monde, la cause d'une agonie prochaine avec l'agonie elle-même.

Voltaire a deux fois reproché l'emploi de ce mot à Corneille. La première fois dans Nicomède :

Et ces esprits légers approchant des *abbois*
Pourroient bien se desdire une seconde fois.

(Act. IV, sc. 2.)

« Cette expression des *abois*», dit-il, « qui, par « elle-même, n'est pas noble, n'est plus d'usage « aujourd'hui. Un esprit léger qui approche des « *abois* est une impropriété trop grande ». J'ose ne pas être de cet avis. L'expression est pittoresque, poétique et n'offre pas d'impropriété. Nicomède fait même ici un rapprochement heureux entre la timidité des cerfs et la couardise des traîtres subornés par sa marâtre. D'ailleurs, des esprits légers peuvent être mis aux *abois* aussi

bien que la vertu, la fidélité, la pudeur, etc., etc.

Voltaire a tort encore quand il vient à relever ces vers de Sertorius :

Unissons ma vengeance à votre politique
Pour sauver des *abois* toute la république.

(Act. Ier, sc. 3.)

« On n'a jamais dû dire : sauver des *abois*, « parce que *abois* signifie les derniers soupirs, et « qu'on ne sauve pas d'un soupir ; on sauve des « périls, d'une extrémité, on rappelle des portes « de la mort, on ne sauve pas des *abois*. Au reste, « ce mot *abois* est pris des cris du chien qui aboient « autour d'un cerf forcé, avant de se jeter sur lui».

Voilà, certes, une contradiction evidente, et la dernière phrase de Voltaire justifie Corneille. Comment! on ne peut sauver un cerf du cri des chiens qui vont se jeter sur lui? Et, par une métaphore naturelle, on ne peut empêcher la république d'être mise aux *abois;* parce qu'on ne sauve pas d'un soupir! quel dédain de toute justice! quelle légèreté! Le grand Corneille, souvent incorrect dans ses constructions, est presque toujours admirable dans l'emploi des mots et des métaphores. Au contraire, Voltaire qui tenoit bien plus à la syntaxe rigoureuse, avoit souvent perdu, comme son siècle, le sentiment de la véritable portée des mots.

Tant qu'on a gardé les deux orthographes *aboi* et *abai*, il semble qu'on reconnoissoit une nuance entre elles. *Aboi* exprimoit la voix irritée des chiens, *abai*, leur manière de demander quelque chose. De là cette ancienne locution : tenir en *abay*, que le Dictionnaire de R. Estienne rend par *producere aliquem falsa spe.* Le proverbe bailler ou béer aux corneilles, pouvoit egalement s'ecrire : abayer aux corneilles; et, de cette façon, on comparoit l'homme qui se repait de vaines espérances au chien de chasse aboyant après les corbeaux ou les corneilles que le chasseur ne se soucie guère de prendre.

ABOYER, v. n. Les Latins avaient *baubare* et *baubari*, que représentent chez nous *aboyer* et *abaier*, mots français de race :

Et si tost que fui aura
Tant que plus fuir ne pora,
Et qu'il se fera *abaier*,
Quatre lons mos et sus chacier
Dois corner. . .

(La chace dou cerf, XIIIe siècle.)

Je me souviens d'une vieille chanson dans laquelle un soldat, mal reçu par sa maîtresse au retour de la guerre, dit :

> Les chiens de votre porte
> Ne font que m'*abayer*;
> Disant en leur langage :
> Amant tu perds ton tems,
> Ton tems aussi ta peine;
> Ne reviens plus céans.

Ici, *abayer* est un verbe actif comme dans une bonne phrase d'Ablancourt : « Pourquoi m'*aboyes*- « tu ? disoit un avocat au plaideur qui le suivoit « en l'injuriant. — Parce que je vois un voleur ».

Aboyer et *abayer* ont été long-tems admis sur le même pied. L'histoire de notre langue offre une lutte perpétuelle entre les deux diphtongues *oi* et *ai* qui, tour à tour, cèdent et reprennent l'avantage, sans qu'on sache toujours bien pourquoi.

Robert Estienne, Calepin et Nicot ne donnent qu'*abayer*; Cotgrave, qui représente fort bien la langue écrite de la fin du XVIᵉ siècle, donne *abbayer* et *abboyer*, tout en paroissant pencher pour la première orthographe. Furetière, en 1690, avoit aussi de la prédilection pour *abbayer*, tandis que Lallemand, auteur des Nouvelles Observations, 1688, soutient une thèse curieuse en faveur d'*aboyer*. Enfin, l'Académie donna gain de cause à *abboyer*, et Basnage, dès 1710, a cru pouvoir ecrire : « *Abayer* ne se dit que par le peuple ». C'etoit encore quelque chose, comme l'a dernièrement prouvé M. Génin. (Variations du lang. fr. depuis le XIIᵉ siècle.)

Furetière a dit aussi : « Je tiens qu'originai- « rement *abbayer* et *abboyer* sont deux mots dif- « férens; qu'*abboyer* s'est dit, seulement au pro- « pre, du cri des chiens, ou de ce qui leur res- « semble, et qu'*abbayer* s'est dit au second sens « figuré, et est composé de bayer ou *béer*, qui « signifie regarder attentivement, ou attendre « impatiemment; ce qu'on fait ordinairement « avec une bouche *béante;* mais que, par abus, « l'affinité de ces deux mots les a fait confondre « et prendre l'un pour l'autre ».

Cela est ingénieux, mais trop subtil. D'après les exemples anciens, on ne sauroit nier qu'*abaier* et *aboyer* n'aient eu la même acception dans le même tems. « *Abaier*, uller comme chiens ». (Dict. de 1400.) *Béer*, bayer et bailler sont ou radicaux ou dérivés d'*abaier*, et, dans tous les cas, formés egalement du latin *baubari*, et non de *balare*, qui n'est remplacé que par bêler. Pour moi, je persiste à dire que *béer* et *abbaer* s'entendoient plutôt de

voix quémandeuse des chiens, et *abboyer* de leur voix menaçante. L'expression métaphorique s'est donc modifiée en conséquence de ces premières nuances; mais il ne faut rien distinguer au-delà. Bouche béante signifie donc exactement : bouche ouverte aux sollicitations, comme la gueule des chiens. Et ce qui le prouve, c'est qu'autrefois on ne disoit pas béante, mais *bée* et *baée*.

> Dont vessiés bataille de mout fière melée,
> Tant felon traîtor gésir gole *baée*.

De *baubari* vient encore ebaubi, qu'on pronon- çoit autrefois abaubi; mot à mot : etourdi, décon- tenancé par l'aboiement des chiens. Je préfère cette origine à celle de *balbus*, baube ou bègue.

Anciens proverbes : 1º « *Abboyer* contre la « lune ». (Cotgrave.) C'est faire des réclamations evidemment inutiles.

2º « Chien qui *abbaye* ne mord pas ». (Cotgrave.) Les menaces bruyantes ne sont pas à craindre.

> 3º Qui sert commun, nul ne le paye,
> Et s'il défaut, chascun l'*abaye*.
> (Cotgrave.)

4º « Bon chien n'*aboye* pas à faux » ; (Voc. fr.) c'est-à-dire, un serviteur fidèle ne fait pas de bruit inutile.

ABOIEMENT, s. m. Le lexique du XIIIᵉ siècle ecrit *abaement*, et l'Académie admet sur le même pied *aboiement* et *aboîment*. M. Legoarant lui re- proche de n'avoir pas préféré le second; je suis fâché qu'elle ne se soit pas tenue au premier.

Règle générale : il ne faut pas supprimer de lettres au profit des accens; car l'introduction de l'accent prouve que la lettre n'etoit pas inutile, et si vous entrez dans la voie des changemens, vous en sortirez bientôt à votre confusion.

J'ai dit précédemment que le circonflèxe devoit être considéré moins comme un accent que com- me un signe graphique remplaçant, pour les yeux seuls, une lettre. C'est ainsi qu'autrefois le trait placé sur l'*n* indiquoit le redoublement de cette lettre. En effet, quelle accentuation la présen- ce du circonflèxe détermine-t-elle dans les mots suivans: maître, paroître, connoître? En quoi ces mots diffèrent-ils de maïs, de laitière, trait, frais, etc.? N'allez donc pas, doublement nova- teurs, supprimer d'importantes lettres, des *e* ou même des *s*, par la raison que le circonflèxe suf- fira pour en marquer la force; car cette force, il ne l'a pas en lui-même. Et surtout quand vous ne supprimez ni *s* ni *e* dans un mot, gardez-vous de charger ce mot d'un circonflèxe, comme vous faites sur mâçon, sur les participes dû, vû, etc. ; car cela indiqueroit seulement que l'ancienne orthographe etoit masçon, dus, vus : *quod est demonstrandum.*

Je vote donc contre l'adoption d'*aboîment :* 1° parce que c'est une innovation, et que les innovations sont des abus de pouvoir dans l'Académie ; 2° parce que le circonflèxe n'abrège rien, au contraire. Pour le bien de la paix, gardons les circonflèxes consacrés pàr l'usage, mais n'en augmentons pas le nombre.

ABOYEUR, s. m. Il est dans R. Estienne et dans Nicot. On ne le dit guère des chiens, mais beaucoup de ceux qui font trembler les hommes en crédit, en les attaquant. Les journalistes sont des *aboyeurs* de la maison commune, et parmi eux il y a des roquets, des mâtins, des dogues, et quelques chiens de berger.

ABOLIR, v. a. C'est le latin *abolere*, qu'on ecrivit d'abord *aboler*, et qui ne me semble pas avoir eu jamais en français d'autre sens qu'en latin. Carpentier cite, il est vrai, deux passages dans lesquels il pourroit être pris pour brûler. Le premier est tiré des Preuves de l'Hist. de Nismes, par Ménard : « Plures alios ferro calido in facie ubi chris-« ma est in vituperium divinæ majestatis *abole*-« *bant* ». Mais je pense qu'il est permis d'entendre : « Ils mutiloient plusieurs en la face, avec un fer « chaud, à l'endroit où le saint chrême etoit im-« primé ». Le second exemple est tiré du Miracle au Chevalier :

> Por s'amour sui si *abolés*
> Qu'il ne me caut que j'onques face.

Ici, *abolé* peut signifier encore anéanti, perdu.

Ce verbe *aboler* n'est pas dans les lexiques du XIIIᵉ siècle et du XVᵉ. Le latin *abolere* y est rendu par *effacier*. On l'employoit pourtant quelquefois dans les deux dialectes du nord et du midi ; mais il tomba dans l'oubli, pour reparoître au XVᵉ s., à la suite d'abolissement, et sous la forme d'*abolir*. C'est le barreau qui le rendit à la conversation.

Le président Bouhier, dans une phrase citée par Trévoux, a dit avec une elégance non moins latine que française : « Le tems, qui consume « tout, *abolit* tous les jours les noms et les titres

« gravés sur les monumens ». Il y a ici, dans le choix de l'expression, de la grandeur et de la simplicité.

ABOLISSEMENT, s. m. Ce mauvais mot se trouve déjà dans Nicot (XVIᵉ s.). Je crois qu'il a été usurpé des lois anglaises, qui emploient partout *abolishment*, au lieu de notre abolition.

ABOLITION, s. f. Il n'est pas très-ancien, puisque les lexiques du moyen-âge rendent par *effacement* le mot latin qu'il représente. Au XVIᵉ siècle, on ne le connoissoit que dans les chancelleries et dans les cours souveraines. Ainsi l'on disoit un acte d'*abolition*, des lettres d'*abolition*, une demande en *abolition*, pour indiquer la radiation complète, la suppression dé toutes poursuites, de toutes recherches relatives à certaine imputation, certain délit, certaine condamnation juridique. Mais durant les guerres de religion, ces amnisties etant devenues très-fréquentes, le mot parlementaire fit invasion dans la société, et dès-lors y reprit son acception naturelle, plus etendue que celle dans laquelle les magistrats la renfermoient. On demanda l'*abolition* des pratiques superstitieuses, puis l'*abolition* de la réforme ; on parla de l'*abolition* de l'ordre des Templiers, et nous souhaitons aujourd'hui l'*abolition* du serment, celle de la peine de mort, etc.

ABOMINABLE, adj., n'est pas dans le lexique du XIIIᵉ siècle, et je ne me souviens pas de l'avoir vu dans nos anciennes poésies ; mais il est dans Joinville : « Aucuns de ces malades estoient si « despris que les privez sergans du benoict roy en « estoient *abominables* et se traioient arrière ». (Hist. de France, tom XX, p. 98.) Mais si le texte n'est pas corrompu, et si l'on ne doit pas lire : que aus privés serganz, au lieu de : que les privés sergans, il faut l'interpréter : excités à vomir. Il est aussi dans les *Promptorium Parvulorum* du XVᵉ siècle. Mais il n'avoit pas encore l'extension que Malherbe lui donnoit dans ces beaux vers connus de tout le monde :

> Que direz-vous, races futures,
> Si quelquefois un vrai discours
> Vous raconte les aventures
> De nos *abominables* jours?

C'est un des mots les plus energiques de la langue française. Furetière donne cet exemple excellent : « Le repas d'Atrée et de Thieste fut « un repas *abominable* ».

ABOMINABLEMENT, adv. Ce long mot est déjà dans le dictionnaire latin-français de la fin du xive siècle. (Msc. lat., n° 7684.) On dit : il s'est conduit *abominablement*, il ecrit *abominablement*. J'ai même souvent entendu dire : *abominablement* mal, et je crois qu'à la rigueur il est permis de parler ainsi.

Nous trouvons ici la première occasion de remarquer que la finale *ment*, dans un grand nombre d'adverbes, est la traduction du latin *mente ;* et qu'on peut toujours, par conséquent, traduire en pareil cas cet adverbe par le substantif latin précédé de son adjectif. *Abominablement*, c.-à-d., par un sens, ou par un esprit *abominable; mente detestabili*. Ces adverbes ne sont donc, à proprement parler, que la réunion de deux substantifs.

ABOMINATION, s. f., est emprunté à la langue médicale de la basse latinité. « Cum « homo antequam cibum capiat, *abominationem* « patiatur, mali chymi in stomacho esse intelli- « guntur ». (Constantin. Africus de morbor. cognitione, cité par Du Cange.) Il est employé avec cette acception médicale dans une Practique de médecine, egalement citée dans le Glossaire du Joinville du Louvre : « La mente... conforte l'es- « tomac, et donne appétit de mangier et oste « *abomination* ». Le lexique de 1450 l'ecrit *abominacion*.

La plupart des critiques l'ont fait venir, et tous ses dérivés, d'*omen*, présage oral. M. Charles Nodier a même expliqué homme *abominable :* « Homme dont l'odieuse perversité n'a pas même « été pressentie par les prophètes ou les oracles, « dans leurs présages les plus menaçans ». (Préface de la Nouvelle Bibliothèque bleue, p. v.) Je ne saurois attacher un sens aussi profondément compliqué à ces trois mots, et bien plus, je persiste à ne leur attribuer que le seul sens admis par les médecins latins.

Ainsi, quand on dit : c'est une *abomination*, on exprime une pensée synonyme de celle-là : c'est une chose capable de faire vomir; et l'on explique d'une manière satisfaisante : l'*abomination* de la désolation, de l'Evangile, par : l'invasion nauséabonde de la désolation.

Nous avons depuis le xvie siècle perdu le verbe *abominer*, qui etoit d'une grande energie. Ainsi, dans le continuateur de Guillaume de Tyr, au xiiie siècle : « Coradins, li rois de Jérusalem... *abo-* « *minoit* et avoit en despit mult sexe de femme ». (Mart. Thes. Anecd. Tom. v., col. 734.) *Abominer*, ici, a le sens d'avoir en dégoût. Effectivement, le lexique du xve siècle rend *abominer* par : avoir en despect, en dédain. Charron a dit aussi, au xvie siècle : « Il faut *abominer* les paroles tyran- « niques et barbares qui dispensent les souve- « rains de toutes lois, etc. ». On voit par ces exemples que M. Wey, dans ses ingénieuses Remarques sur la langue française, n'auroit pas du blâmer Mercier d'avoir inventé ce mot *barbare ;* car c'etoit un bon mot et Mercier ne l'avoit pas inventé.

Le vieux mot *abosmer* avoit un sens analogue, bien que moins expressif : avoir le cuer *abosmé*, c'est précisément au moral avoir le cœur soulevé.

On fit *abomer* d'*abominari*, comme terme et atermer, de *terminum ;* âme, de *anima*, etc. Dans le roman des Quatre Fils Aimon, Regnaut, pressé par la faim, conçoit un instant l'idée de tuer son cheval Bayart; il s'approche de lui, mais :

> Quant le vit à genous ploié et atterré,
> Moult par en a le cuer dolent et *abosmé*.

Les Bénédictins continuateurs de Du Cange, citent mieux encore ces vers du Reclus de Moliens :

> Moult est en infermeté grande
> Hom qui *abosme* sa viande.

Le dictionnaire du xiiie siècle (Lat., n° 7692), explique *abhominari*, par *escommovoir*, c'est-à-dire, evidemment : *escam movere*, soulever les alimens. Cette définition doit faire cesser tous les doutes.

ABONDER, v. n. Il est dans le dictionnaire français-latin de 1400. C'est le latin *abundare*, formé d'*ab unda ire*, qui se répand à flot et comme de source, qui *déflue*. Ainsi, l'abondance du Nil est une excellente expression :

> Rursus *abundabat* fluidus liquor...
> (Georg., l. iii, v. 484.)

L'Académie définit *abonder :* « Avoir en grande « quantité ». Puis elle donne pour exemples : « *Abonder* en richesses; —cette province *abonde* en « gens d'esprit, etc. ». Il en résulte qu'il faudroit entendre cette façon de parler: avoir en grande quantité en richesses, etc. Le défaut de la définition académique est d'employer un verbe actif pour rendre le sens d'un verbe neutre. On trouve dans son beau travail de fréquens exemples de la même confusion.

Pierre Larrivey, dans la traduction de Straparole, s'est déjà servi de la bonne façon de parler : *abonder* dans son sens. « Chacun, comme « dit le sage, *abonde* en son sens » ; (8e Nuit, fab. 5.) c'est-à-dire, est tellement imbu de sa propre opinion, que le flot en déborde. De là on a cru pouvoir hasarder : *abonder* dans le sens d'un autre, c'est-à-dire, être rempli de la pensée d'un autre. Mais cela est bien entortillé, et rend imparfaitement ce qu'on veut faire entendre.

Le vieux proverbe : « Ce qui *abonde* ne vicie pas », est fort bon. Il signifie proprement que les liqueurs auxquelles on laisse un moyen de déborder sont à l'abri de la corruption. Les procureurs l'emploient au figuré, pour faire entendre qu'il n'en est pas des formalités trop nombreuses comme de l'omission d'une formalité, et qu'elles ne peuvent compromettre la validité d'une procédure.

Le verbe neutre *abonder* est français de toute ancienneté. Les jurisconsultes l'ont parfois employé activement, parce qu'il l'ont confondu avec répandre, verser. Mais l'usage a toujours répudié cette façon de parler.

On trouve quelquefois *abondir* pour *abonder*, dans nos vieux auteurs, et toujours avec le sens de déborder. Olivier de la Marche, cité par Sainte-Palaye : « Là *abondit* l'avant-garde, les bannières « et les étendards », c'est-à-dire, là se répandirent les flots de, etc. Plus anciennement encore, dans Partenope de Blois, le poëte, traçant le portrait d'un faux ami de l'empereur dont les flatteries etoient excessives :

> Et quant il est d'iluec partiz,
> Et privéement *abondiz*
> A deus ou trois de ses privés,
> Là est ses sires, ses clamés,
> Là mesdisoit et lesdengoit...

Il faut encore entendre ici : particulièrement abandonné, lâché, déboutonné, avec deux ou trois amis.

ABONDANCE, s. f. On le trouve dans le dictionnaire du XIIIe siècle ; mais on disoit plus volontiers *plenté*, excellent mot que nous avons laissé perdre. Il semble même qu'*abondance* avoit plus de force que *plenté*, puisque le *Promptorium Parvulorum* du moine anglais Geoffroi, le rend,

vers 1440, par *grete plenté*. Furetière le définit : « Foison, affluence de plusieurs choses en un même « lieu ». Puis il donne pour exemple : « La com- « modité des rivières amène l'*abondance* dans « Paris ». L'emploi du mot rivière sert bien à donner à cet exemple une élégante propriété.

Dans le Mystère de Troyes-la-Grant, 1450 :

> Montrés qu'en vous a *habundance*
> De prouesse et chevalerie.

c'est-à-dire, superfluité. Il a le sens plus absolu de libéralité, largesse. Dans une description de l'entrée solennelle du duc François dans sa ville de Rennes, en 1532 : « In offertorio fuerunt pu- « blicatæ *abundantiæ* et porrectæ pecuniæ, et « aurum et argentum ». (D. Lobineau, Hist. de Bret., tom. II, p. 1604.)

Le proverbe « *Abondance* de biens ne nuit pas », conserve l'acception exacte de superfluité. Furetière mentionne cet autre proverbe : « De l'*a- » bondance* du cœur la bouche parle ». Il faut l'entendre : la bouche ne peut retenir l'expression des pensées dont le cœur déborde.

La corne d'*abondance*, cet attribut si commun dans les monumens de l'antiquité, se reconnoît aux fruits et aux fleurs qui en débordent. Les dictionnaires disent que c'est le symbole de l'*abondance*, ou que c'est la corne de la chèvre Amalthée. Qu'est-ce que la chèvre Amalthée ? — Jupiter, disent mieux les mythologues, donna l'une des cornes d'Amalthée aux nymphes parmi lesquelles il avoit été elevé ; cette corne avoit la vertu de produire et répandre à souhait les fleurs et les fruits. On voit ici la correlation des nymphes ou rivières avec le mot *abondance*. Citons encore un passage d'Ovide. C'est à la fin du combat d'Acheloüs avec Hercule, liv. IX :

> Dum tenet, infregit ; truncaque a fronte revellit.
> Naiades hoc pomis et odora flore repletum
> Sacrarunt, divesque meo bona copia cornu est.

Ce que le vieux traducteur français Habert rendoit ainsi, en 1555 :

> Car quant il tient de sa dextre non lasche
> Ma corne dextre, il la rompt et l'arrache,
> En ce discours, les naiades survindrent
> (Nymphes des eaux) qui ceste corne prindrent,
> En l'emplissant de pommes et de fleurs
> De doulce odeur et diverses couleurs ;
> Et fut ainsi ma corne consacrée.
>
> (Edit. de 1573, p. 535.)

Il y avoit autrefois une fée qu'on nommoit dame *Abunde* ou *Abonde*. C'etoit une réminiscence des syrènes, comme cette fameuse Mélusine, demi-femme et demi-merluche. On attribuoit au passage de dame *Abunde* dans une maison, la *plenté* ou profusion de toutes choses. Nous devons l'avantage de connoître son nom à Guillaume de Paris, cité par Raoul de Presles. (Comment. sur la cité de Dieu, liv. xv, ch. 23.) « Infandæ illæ « nocturnæ quibus præsse credunt vetulæ domi- « nam *Abundiam* vel dominam Satiam ; similiter et « illæ quæ in stabulis et arboribus frondosis ap- « parere dicuntur, sunt magni spiritus »...

ABONDAMMENT, adv. Il est ancien :

> Car nous somes riches très-puissamment,
> Et de trésors avons *habundamment*.
> (Mystère de Troyes-la-Grant, 1450.)

ABONDANT, adj. On en restreint le sens à celui de fécond, fertile. Exemple : moisson *abondante*. Robert Estienne le traduit très-bien : *affluens*, *uber*, *profusus*. Il est dans les plus anciens lexiques.

L'ancienne forme adverbiale : *d'abondant*, a vieilli. *Ex abundanti*, trouvoit-on déjà dans saint Bernard, tom. II, edit. de 1776. La Mothe-Levayer et Dupleix l'estimoient beaucoup ; mais Vaugelas et Chapelain ont donné à *de plus* gain de cause. « Je trouve insupportable », disoit judicieusement Dupleix à cette occasion, « l'abo- « lition de tant de mots ». (Déf. du lang. franç., 1651, p. 215.)

ABONNÉ, adj. — **ABONNEMENT**, s. m. — **ABONNER**, v. L'*abonné* est celui qui a payé d'avance, et pour un tems convenu, le droit de recevoir certains ecrits périodiques, de prendre des bains ou des repas ; d'entrer dans un théâtre, dans un club, dans une salle de bal ou de lecture ; de passer sur un pont soumis au péage, de suivre un cours de musique, de littérature, d'escrime, etc., etc.

Dans toutes ces acceptions, les trois mots *abonné*, *abonnement* et *abonner* ne sont pas anciens. On ne les trouve pas dans le Furetière de 1708, ni dans la 4ᵉ édition du dictionnaire de l'Académie, 1762, ni dans le Trévoux de 1771. Le grand vocabulaire de 1767, dit cependant à la fin de son article *abonnement :* « Un particulier « donne une somme pour aller au spectacle pen- « dant l'année quand il le jugera à propos ; c'est « un *abonnement* ».

Mais le mot lui-même semble remonter à l'origine de la langue. Il avoit été formé de *borne* que l'on prononçoit *bonne* dans les provinces rapprochées de la Loire. *Abonné* ou *aborné*, répondoit par conséquent au latin *ablimitatus*, et désignoit celui dont la redevance incertaine avoit été fixée à certaine somme. Les vassaux qui payoient, dans l'espoir d'une remise ou d'un bénéfice, le montant evalué de leurs taxes et redevances annuelles, etoient des *abonnés* de leur suzerain. On le disoit aussi des choses : par exemple, quand le vassal devoit le service d'un cheval, et qu'il rachetoit ce service par une somme convenue, on disoit que le cheval etoit *abonné ;* de même une corvée *abonnée*, un péage *abonné*, etc.

L'*abonné* des théâtres auquel nous conduit le passage du grand vocabulaire, se déduit encore naturellement de l'ancienne acception. Il acquiert en effet, pour une somme fixée, le droit d'assister, toutes les fois qu'il lui plaira, aux représentations dramatiques. Mais l'*abonné* des journaux est moins facile à expliquer, la convention qu'il fait ne s'appliquant à aucune chance incertaine, et la faculté ne lui etant pas laissée d'adopter un autre mode de souscription. Il est probable que l'acception fut admise dans un tems où les journaux se distribuoient chaque jour dans les rues ; le nom d'*abonné* distinguoit alors de ceux qui achetoient séparément chaque feuille, ceux qui s'arrangeoient avec les editeurs pour recevoir durant un tems fixé, les feuilles qui viendroient à paroître. Les usages ont changé, et le mot est resté.

Le couplet de M. Scribe peut servir de citation convenable pour cet adjectif :

> *Abonnés* de l'opéra-comique,
> *Abonnés* de l'opéra-buffa,
> *Abonnés* du club académique,
> *Abonnés* du sublime opéra,
> *Abonnés* des petites-affiches,
> *Abonnés* des journaux d'à-présent,
> Ah ! combien vous devez être riches,
> Si vraiment le bien vient en dormant.

On appelle de bons *abonnés* ceux qui suivent sans y penser les tergiversations et les palinodies de leur journal ; mauvais, ceux qui demandent aux rédacteurs, de la constance, de l'esprit ou de l'instruction. — On emploie dans les bureaux du *journalisme* une locution nouvelle, pour désigner la partie de la nation disposée à prendre des souscriptions aux journaux ; c'est la matière *abonnable*.

ABORD, s. m. Ce mot a beaucoup embarrassé les critiques, parce qu'on le retrouve dans un grand nombre de langues avec des sens fort divers. Il faudroit en premier lieu reconnoître un fait : dans son acception naturelle en français, bord est parfaitement synonyme du *ripa* latin ou rive français. « *Bort*, comme le *bort* de la mer « ou de aucune eau. *Margo* ». (Dict. de 1400.)

Maintenant le bord français vient-il du saxon *bord*, maison, habitation? Je ne le crois aucunement. La racine tudesque a fait nos bordes ou granges, et, par extension, notre abominable bordel; mais il n'a rien de commun avec le synonyme de *ripa*.

Ménage, ici plus près de la vérité (chose rare!) que Du Cange, fait venir bord, de *orla*, auquel il ajoute un *b*, et dont il transforme *l* en *d*. Voilà de grands changemens. Je hasarderai une opinion nouvelle; je dirai que l'*abord* a pu précéder le bord, et que dans ce cas, on l'auroit formé, sans intermédiaire, de l'*ab oris* si fréquemment employé par les auteurs, et plus encore, sans doute, par les causeurs de Rome. Dans le début de l'Enéide :

Arma virumque cano Trojæ qui primus *ab oris*...

On pourroit plaisamment traduire : « Ce Troyen, « qui de *prime-abord* », et mieux encore : « Cet homme qui, le premier, *des bords* de Troie ». C'est ainsi que nous avons vu, un peu plus haut, abondant formé d'*ab undis*.

Quoi qu'il en soit, nous tenons *abord* pour arrivée. Les matelots l'ont employé, parce qu'ils dédaignoient la rive et le rivage, dont ils laissoient l'emploi aux poëtes de la cour et aux marins d'eau douce. Un bâtiment *à bord*, c'est un bâtiment qui est au rivage, ou de rivage. Bord d'un bâtiment, c'est la bande, la rive ou plain-pied de ce bâtiment.

On a appliqué le mot aux personnes aussi bien qu'aux choses. On a loué l'*abord* agréable de l'un, le difficile *abord* de l'autre, parce qu'on avoit précédemment remarqué l'*abord* agréable de Dieppe, et le difficile *abord* des côtes d'Angleterre.

Je reviens encore à mon origine d'*abord*. Dans le nouveau Du Cange, vous trouverez *abordatio*, sous l'année 1480 : « Interrogatus in cujus juris-« dictione est situatus portus et *abordatio* ejus-« dem ». Puis *aboris*, dans les anciens glossaires, d'un seul mot, pour *a finibus, a ripis*. Et tout cela vaut bien le saxon *bord*, toit, d'où l'on tiré le bord de l'eau.

On a dit *d'abord*, comme d'arrivée. Si la racine n'en etoit pas *ab oris*, on auroit fait *de bord*, comme de suite, de nouveau, etc. Objectera-t-on d'arrivée? Je répondrai qu'on l'a tiré, non de *ripa*, mais de *ad ripam*. La forme la plus ancienne dont je me souvienne, est *en abord*. Elle n'est pas dans le lexique roman de Raynouard. Dans Nicot, on ne voit pas *d'abord*, mais *abord*, approche. — Cotgrave enregistre : « De doux « *abord* », et sous la lettre D : « *d'abordée* ». Ce dernier exemple prouve que *d'abord* etoit assez peu usité de son tems. — La Fontaine a dit :

Et si quelqu'un de vous touche à la quatrième
Je l'étranglerai tout *d'abord*.

Aujourd'hui nous abusons furieusement de ce mot dans le sens de : en premier lieu, ou même dans une parfaite absence de sens.

L'Académie le définit, accès. Il a peut-être un peu plus de force. L'*abord* indique l'extrémité d'une chose, et non pas sa proximité. D'ailleurs, il n'auroit pas fallu se contenter d'expliquer *abord* par accès, et accès par *abord*.

ABORDABLE, adj., n'est guère moins ancien que le verbe aborder. Parmi les additions faites par Thierry au dictionnaire français-latin de Robert Estienne, on trouve déjà : « Lieu *abordable* « par quelque endroit ». Mais il faut que cette expression ait encore été peu usitée, car Nicot et ses nombreux continuateurs jusqu'en 1609, ne l'ont pas enregistrée.

Vers le commencement du XVII° siècle, il fut d'un très-grand usage, et répondoit au mot affable, d'un abord gracieux, agréable. Monet, en 1631, le traduit par : « Vir humanus,... « qui comitatem, facilitatem jucundam in con-« gressu adhibet ». Mais, dès 1708, Basnage, en remarquant l'absence du mot dans le dictionnaire de l'Académie, l'accompagnoit de l'exemple : « Cet homme est si glorieux qu'il est *abordable* « à peu de personnes ». On voit déjà que le sens tendoit à se restreindre. Aujourd'hui l'expression : « Cet homme n'est pas *abordable* », est un reproche très-vif; il emporte l'idée, non-seulement d'un défaut d'affabilité, mais d'une rudesse extrême et d'une brutalité grossière. Elle rappelle les rescifs, les abîmes et les rochers qui rendent certaines côtes inabordables.

ABORDAGE, s. m. Terme de marine usité dans la conversation ordinaire. Mais ici, bord ne répond plus à la rive proprement dite, mais aux contours d'un vaisseau. Ainsi : aller à l'*abordage*, c'est aller à la prise du pont d'un vaisseau.

Parce qu'on a le tort de regarder les mots *aborder* et *abordage* comme synonynes parfaits d'approcher et approche, on a désigné sous le nom d'*abordage*, le heurtement même fortuit de deux vaisseaux en pleine mer. Ceux qui se piquent d'ecrire correctement, doivent se garder d'admettre cette acception, qui n'a pas de bases solides.

Abordage se rencontre pour la première fois dans le Pomey de 1676; mais, sans doute, il est beaucoup plus ancien, bien que Thierry, Nicot et Cotgrave ne l'aient pas enregistré.

ABORDER, v. n. Bord etant le synonyme de rive, il faudroit se garder d'*aborder* au rivage, ou d'arriver à bord, comme le propose l'Académie, mais se contenter d'*aborder* à Dieppe, à Saint-Domingue, etc., c'est-à-dire, prendre terre à Saint-Domingue, etc.

Les marins qui vont à l'abordage connoissent l'emploi le plus juste du verbe, et ne lui donnent pas de régime. Mais la nécessité de l'expression et le rapport nécessaire de l'action d'aller à bord avec le bâtiment qu'il s'agit de prendre de bord, ont fait plus généralement consacrer la synonymie de ce verbe et de celui d'approcher. Il en diffère pourtant beaucoup. On a donc dit : *aborder* un vaisseau, pour *aborder* à ou sur un vaisseau. Et quand il a été permis d'*aborder* un bâtiment de mer, on a facilement obtenu la licence d'*aborder* un grand seigneur, puis une difficulté, puis une affaire quelconque.

L'autre jour il m'*aborde* et me serrant la main,
Ah! monsieur, me dit-il, je vous attends demain.
(Boileau.)

Il faut nécessairement expliquer cette locution : prendre de bord quelqu'un ou quelque chose. Le mot d'ailleurs est ancien, quoique rarement employé avant le XVIe siècle. Les continuateurs de Du Cange ont cité, au mot *abordatio*, le passage d'une enquête de l'année 1480 : « In brotellis « illorum de Molone, ipsi portus *abordat* à parte « Bressiac »... Il est clair qu'ici *abordat* signifie : est de bord aux brotelles, etc.

On ne l'admit dans le langage de la cour que vers la fin du règne de François Ier, Jean Lemaire avoit, il est vrai, risqué : *s'abordé*. Mais plus de vingt ans après lui, Jacques Tahureau remarquait encore son introduction récente. Rabelais l'a employé avec une grande sobriété. Il préfère les expressions : descendre en terre, — prendre terre, etc., sans néanmoins répudier *aborder* : « Au jour subséquent.... arrivasmes près l'isle de « Canept en laquelle *aborder* ne put la nauf de « Pantagruel ». (Liv. IV, ch. 63.)

ABORIGÈNE, s. m. On le dit des habitans primitifs d'une contrée. Le dictionnaire de l'Académie n'admet que le pluriel de ce nom : je ne vois pourtant pas ce qui doit empêcher de dire : une nation *aborigène*.

Ce mot est précisément le latin *ab origine*, et l'on paroît l'avoir proposé au commencement du XVIIIe siècle pour désigner les peuples primitifs de l'Italie. Je le trouve pour la première fois dans le vocabulaire français de Panckoucke (1767).

ABOUCHER, v. a. Avant le XVIe siècle, on employoit le verbe réciproque s'*aboucher* pour tomber sur la bouche.

Le roi tout esperdu sur son arçon s'*abouche*.
(Girars de Roussillon.)

Mais dans le sens actuel, Robert Estienne et Thierry l'ont négligé. Marquis, plus récent editeur de Nicot, l'a fait entrer le premier dans son dictionnaire, en 1609. Il est peu harmonieux, et bien qu'on l'emploie souvent à l'occasion d'entrevues diplomatiques, il n'offre qu'une image grossière et disgracieuse.

Ce mot ne vient pas de *bucca*, latin, comme l'a dit Furetière, mais tout simplement de bouche. Je pense que nous l'avons fait à l'imitation de l'italien dont l'*abboccarsi* n'a rien pourtant de la pesanteur de notre s'*aboucher*. L'idée peut encore avoir été formée dans l'une et l'autre langue par l'expression : bouche à bouche, ou *bocca à bocca* d'où s'*aboucher*, puis *aboucher*.

L'Académie le définit : « Faire trouver deux ou « plusieurs personnes dans un lieu, pour qu'elles « confèrent *ensemble* ». Le mot ensemble est de trop ici et dans l'exemple choisi : « Il faut les « *aboucher* ensemble ».

ABOUCHEMENT, s. m. Il est encore plus dur et plus désagréable que le verbe duquel il dérive. On l'emploie pourtant dans les livres les plus graves.

Il n'est pas ancien. On le trouve, il est vrai, dans Rabelais, mais avec le sens de conversation, entretien. *Abouchement*, formé de bouche, répond alors exactement à l'*oratio* formé d'*os*, ou *oris actio*. « Sur toutes choses, les aucteurs susdicts « ont au médecin baillé advertissement particu- « lier des parolles, propous, *abouchemens* et « confabulations qu'il doit tenir avec les ma- « lades ». (Liv, IV, Ep. dedicat.)

ABOUTIR, v. n. On confond souvent cette expression avec celles de : finir, tendre, se termiuer ; ce n'est pourtant pas la même chose. Comme beaucoup de verbes dont la première syllabe est formée de la préposition *à*, il est venu à la suite d'un substantif ; et les menuisiers appellent encore *about*, l'extrémité par laquelle un morceau de bois se trouve joint à un autre. Dans les actes de vente, on a signalé les aboutissans, c'est-à-dire, les terrains dont l'extrémité se trouvoit à bout de la propriété qu'il s'agissoit de décrire. Au lieu de dire : tenant d'un côté et d'un bout, on a préféré souvent : tenant d'une part et *aboutissant* de l'autre.

Je n'aime pas beaucoup cette expression consacrée : tous les rayons d'un cercle *aboutissent* au centre ; car il est difficile de prendre un centre par le bout ; et confiner etant le véritable synonyme d'*aboutir*, on ne sauroit dire, il me semble, que tous les rayons confinent au centre. Je préférerois donc : tendent au centre. On dit aussi : cette pyramide *aboutit* en pointe. Je crois, et j'en demande pardon à notre maître Vaugelas, qu'il seroit plus elégant et plus précis de dire : se termine ou finit en pointe ; car le verbe *aboutir* suppose la double extrémité de l'objet qui finit et de l'objet qui commence. Il faut donc se garder de le dire absolument d'une chose qui n'a pas de contact. —Au figuré, nous oublions fréquemment aussi que le régime indirect de ce verbe doit être un substantif. Ainsi : ce long compliment n'a *abouti* qu'à me demander de l'argent. J'aimerois mieux : n'a *abouti* qu'à une demande d'argent.

L'Académie auroit peut-être bien fait de réserver pour son supplément le terme de menuiserie *about*, si cher à Charles Nodier ; et l'acception médicale d'*aboutir*. En fait de langue française, il est permis de penser que les médecins ne sont pas les meilleurs modèles à suivre. Les jardiniers disent aussi : nos arbres s'*aboutissent* fort bien, pour : se couvrent bien de boutons. Mais on voit aisément ici que l'expression juste seroit se boutonnent. Tant que bouts et boutons n'auront pas le même sens, on ne devra pas regarder comme synonymes *aboutir* et boutonner.

Aboutir est si bien différent de : finir ou être au bout, que vous ne pourriez remplacer les expressions : je suis au *bout* de mon rôle, — de mon latin, — de ma patience, par : j'*aboutis* à mon rôle, — à mon latin, — à ma patience ; vous formeriez un sens à peu près contraire. Cette remarque doit, il me semble, décider la question.

L'Académie définit *aboutir*, toucher par un bout. Cette explication ne justifie pas l'exemple allégué : « Tous ses desseins *aboutissent* à cela ». Il eût donc mieux valu définir : toucher du bout ou par le bout. Elle cite encore : « Cet arpent de « terre *aboutit* d'un côté au grand chemin ». Cela ne veut pas dire sans doute, touche par un bout d'un côté.

On le trouve dans Thierry, 1564, mais non dans les monumens du moyen-âge ; à sa place est *abouter*. Les nouveaux editeurs de Du Cange ont cité une charte du Cartulaire de Fécamp, année 1297 : « Unum masagium.... *aboutans* ex uno ca- « pite, etc. ».

ABOUTISSANT, E. Participe d'*aboutir*, et adj. Il paroît plus ancien qu'*aboutir*. D'après une citation de Carpentier, en date de 1339 : « Duæ domus « facientes cuneum dicti vici in buto superiori ; « *abotissando* de retro uni parvæ viæ ». Il semble probable que si le mot *aboutir* eût été connu du rédacteur, il se fût contenté du participe *abotissans*, et qu'il n'eût pas supposé l'existence de l'infinitif inusité : *abotissare*. On trouve encore *abotizantem*, dans une charte de 1314.

ABRÉGÉ, E. Participe employé souvent comme substantif et comme adjectif.

Le mot n'est pas ancien dans notre langue ; je le crois du tems de Robert Estienne, c'est-à-dire, du milieu du XVI° siècle. Mathurin Cordier, dans son *Commentarius puerorum*, dont la première edition est de 1530, et la meilleure de 1541, rend encore epitome, par : *abréviation* de quelque livre, (cap. II. § 90); ce qui prouve qu'il n'admettoit ou ne connoissoit pas *abrégé*. Dans les siècles précédens, on gardoit pour le même emploi le mot latin *compendium*.

Jean Thierry, en 1564, l'a mis le premier, je crois, dans son dictionnaire : « Un *abrégé*, Breviarium. Summa. Epitome ».

ABRÉGER, v. a. Mot de toute ancienneté. Mais il avoit autrefois deux sens distincts, savoir : rendre plus court, et : ecrire un bref ou acte sommaire. Mathieu de Westminster, 1297 : « Man-«dante rege, *abbreviare* quot equitaturas quisque «posset invenire... ». Puis on le dit pour ecrire toutes sortes de choses. Dans un vers de la Vie de J.-C., cité par Carpentier :

> Zacarias ne pot parler,
> Son nom commence à *abriever*,
> S'escrist qu'il ot à non Jehant.

Mais la ressemblance de ce mot avec l'ancien *abriver* (elancer), a dû le faire abandonner du plus grand nombre, et je ne crains pas d'attribuer à cette synonymie l'origine de la flexion du *v* en *g*, qui a prévalu dans *abbrégier* et *abréger*.

Pour le sens actuel du mot, on le reconnoît dans le Lexique latin-français du XIIIᵉ siècle, qui rend le verbe *abbreviare* par celui d'*abréger*. La vieille traduction des Sermons de saint Bernard constate aussi l'emploi d'*abrévier*. A l'epoque de la renaissance, les savans rappelèrent cette ancienne orthographe pour l'opposer à *abréger;* mais ce fut en vain : ils ne trouvèrent de dédommagement que dans l'accueil fait à *abbréviation* et *abbréviateur*.

ABREUVER, v. a. Ce mot est de toute ancienneté, principalement sous la forme *abevrer*, qui se rapproche plus de l'origine latine *bibere*, boire, *boivre*, *beire*, et en provençal *beure*. Les Italiens ont dit de même *abbeverar*, les Catalans *abeuvrar* et les Provençaux *abeurar*. C'est pour n'avoir pas connu l'ancienne forme *abevrer* que Caseneuve l'a fait venir du celtique *briva*, pont et passage de rivière. Mais comment, dans le système de Caseneuve, expliquerions-nous le breuvage ou *buverage* ?

On trouve ecrit, dans les textes du XIIᵉ siècle au XVᵉ, *abevrer*, *abivrer*, *aboivrer*, *abeivrer*, *abuvrer*, et quelquefois aussi *abreuver*, qui seul a prévalu.

Puis li mist le henap en la bouche et l'*abuvra*.
(Joinville, cité par Roquef.)

> E la nuit mout laide et oscure
> E li marinier fol e sort
> E ivre et *abevré* e lort.

(Ben. de Sᵗᵉ-Maur. Chron. de Norm., tom. III, p. 349.)

Dans certains cantons de Flandre, on disoit *embuver*. De là l'expression admise en peinture de tableau *embu*, de toile *embue*, c'est-à-dire, humectée, couverte d'un masque d'humidité.

De même que de poivre, *piper*, on a fait poivrer ; de *boivre* ou *bibere*, pris substantivement [1], on a fait *boivrer* et *aboivrer*. Il ne faut donc pas le regarder comme calqué sur le verbe *adaquare*, fournir d'eau ; ce mot ne pouvoit donner que *adaiguer*, *adesver* ou *adever*, et ne conduisoit pas à *buverage* ou breuvage.

Robert Estienne a ecrit *abbrever;* Thierry a ajouté *abruver*, et Nicot, en 1609, *abbreuver*.

L'Académie remarque que « *abreuver* ne se dit « proprement dans le sens de faire boire, qu'en « parlant des bêtes, et particulièrement des che- « vaux ». Si donc Boileau a pu dire fort bien :

> Sitôt que du nectar la troupe est *abreuvée*,

c'est qu'il vouloit marquer le mépris qu'il avoit pour la troupe ; et il se seroit bien gardé d'appliquer sérieusement la même expression à de hauts et graves personnages. Toutefois, cette observation, judicieuse aujourd'hui, ne le seroit pas pour l'ancien langage. Dans le Roman de la Rose, Jean de Meun ayant fait prophétiser sa propre naissance par le dieu d'amour :

> Et quant après à ce vendra
> Que Jupiter vif le tendra,
> Et qu'il devra estre *abevrés*
> Des tonneaus qu'il a tosjors duobles...
> (Tom. II, p. 306.)

Une autre observation assez curieuse, c'est que, dans le sens métaphorique, il est noble et appartient à la langue poétique. Ainsi, l'on s'*abreuve* de la parole de Dieu ; on est *abreuvé* d'amertume, — de fiel ; un glaive est *abreuvé* de sang. Jean de Meun avoit encore dit :

> Et por bien faire en cette poine
> Au souverain bien la ramoine,
> Dont Jonesce la desevroit
> Qui de vanités l'*abevroit*.
> (Tom. II, p. 27.)

---

[1] « Domina ejus ubi villam venerat, jubebat biber dari ». Fannius, cité par Vossius, fait venir la *bière* des Flamands de ce substantif *biber*.

Je n'aime pas l'acception : *abreuvé* de dégoûts, dont je ne me rends pas bien compte. Cependant elle est fort usitée.

Abreuvé remplaçoit autrefois plus souvent qu'aujourd'hui, le participe imbu, conservé du verbe inusité *imboire*. Ainsi, Robert Estienne propose : « Ils sont *abbrevés* de ceste opinion ». Nous dirions aujourd'hui : ils sont imbus. Oudin cite l'expression proverbiale : « Tout le monde en est « *abbrevé* »; aujourd'hui : imbu. Depuis le xviiᵉ siècle, on a fait accueil au verbe imbiber, qui a bien réduit encore l'usage du bon vieux *abreuver*. Par exemple, Nicot cite : « Un drap *abreuvé* d'eau. « C'est », ajoute-t-il, « trempé et oultré d'eau ; se- « lon laquelle signification, on dit, par méta- « phore, *abreuver* aucun de quelqu'opinion ou « persuasion ».

Je préférerois la définition générale : fournir de boisson, à celle de l'Académie : faire boire ; parce qu'elle donneroit mieux raison de cette locution : *abreuver* quelqu'un de chagrins ; c'est-à-dire, four- nir quelqu'un d'une boisson de chagrins ; tandis qu'on ne sauroit tourner : faire boire de chagrins quelqu'un.

On disoit autrefois en proverbe : « Qui mieux « *abreuve*, mieux preuve ». Allusion à ce qui se pratiquoit, souvent quand les juges ordonnoient une enquête de témoins. Oudin cite aussi, mais ex- plique fort mal : « Vous estes trop chaud pour *ab-* « *brever* ». C'est un jeu de mots sur *abbrever*, pris pour boire ou faire boire, et abréger, ou être bref. Quand les chevaux sont essoufflés et en sueur, on tarde à les *abreuver*.

ABREUVOIR, s. m. On trouve ecrit dans les anciens manuscrits *abeuvroir*, ou *abevroir*; mais il est probable que la dureté de la dernière syl- labe a bientôt été cause de la transposition de l'*r* dans abreuver comme dans *abreuvoir*. Il ne paroît pas moins ancien qu'abreuver. Les troubadours disoient *abeurador*; et Du-Cange cite dans un acte du commencement du xiiiᵉ siècle, *abevrato- rium*, qui répond exactement à *abevroir*. Toute- fois, je n'ai pas encore trouvé, dans nos anciens auteurs, le mot français. Robert Estienne l'ecrit *abbrevoir*, et Nicot *abreuvoir*.

Oudin cite, comme phrase proverbiale : « Un « *abbrevoir* à mousches »; c'est-à-dire, une grande et large plaie apparente, où les mouches doi- vent chercher à se désaltérer. On dit encore :

« Le bon cheval va bien seul à l'*abreuvoir* », pour exprimer l'action de se servir soi-même ou de pénétrer seul et sans avis dans l'office.

ABRÉVIATEUR, s. m. On ne l'emploie que pour désigner celui qui abrège un livre, parce que nous l'avons emprunté de la basse latinité, dans un sens analogue ; l'*abbréviateur* de Grégoire de Tours, etc. Et Cotgrave s'est trompé quand il l'a rendu par : *a maker of breefs, or of writs*. il n'a jamais eu ce sens en français. On voit un exemple ici de l'irrégularité de la langue ; nous disons abrégé, mais celui qui fait cet abrégé, on ne l'appelle pas abrégeur, mais *abréviateur*, qui s'ecrivoit toujours avec un double *b* au tems de Louis XIV ; c'etoit avec raison, car on maintenoit ainsi l'accent long de la première syllabe. On en doit dire autant d'abréviation.

Je ne crois pas que son admission remonte au- delà du xviiᵉ siècle; on ne le trouve ni dans Thier- ry ni dans Nicot ni dans Monet, mais bien dans Cotgrave.

ABRÉVIATION, s. f. Si nous avions maintenu le vieux *abregeance*, ou le plus moderne *abrege- ment*, on n'auroit aujourd'hui nul besoin d'ajou- ter que l'*abréviation* n'est pas seulement un signe de retranchement, mais encore le retranchement même. Voyez la pénurie : tantôt, on met une *abré- viation* sur ce mot chûn ; c'est-à-dire, un signe de la suppression de quelques lettres ; tantôt on ecrit, par *abréviation* : T. S. V. P., bien qu'ici nul signe ne remplace les lettres supprimées. Il vau- droit mieux, en ce cas là, dire : en abrégé, que : par *abréviation*.

L'expression, dans son acception rigoureuse et dans son acception vicieuse, n'est pas des plus an- ciennes ; car le lexique latin-français du xiiiᵉ s., msc. 7692, rend *abbreviatio* par *abrégeance*. Mais Mathurin Cordier, vers 1540, l'admit dans le sens d'abrégé, d'epitome (ch. II, § 90). Et je le trouve avec le sens de *abregement* dans les Ordonnances royaux. « François, par la grâce, etc., desiderans « l'*abréviation* du procès, etc. ». (10 juillet 1539.) (Archives de la maison de Gramont.) Thierry, Calepin, Nicot, n'en parlent pas. Cotgrave fait plus, il mentionne l'anglais *abbreviation*, et il le rend par le français *abbréviature*. Le Monet de 1630 se tait encore sur lui. Enfin il apparoît dans le Pomey de 1676, et depuis ce tems dans tous les dictionnaires, Pomey l'explique fort bien par nota ou *vocis compendium*. Richelet et Furetière sont egalement judicieux en le regardant comme une ecriture en abrégé qui se fait avec plusieurs traits et caractères qui suppléent les lettres qu'on omet.

Parlons maintenant d'*abrégement* qui a eu le malheur de déplaire au P. Bouhours et à l'Académie, peut-être parce qu'il avoit été remis en crédit par les solitaires de Port-Royal. Je dis remis, car il etoit bien plus ancien que le livre De l'Éducation d'un prince, publié par Chanteresne, en 1670, dans lequel on l'avoit remarqué comme un nouveau venu. Il est dans Thierry, dans Nicot et dans tous les autres à la suite, avec l'exemple le meilleur du monde et le plus autorisé, qui est l'*abrégement* des procès. Dans les cours judiciaires de la féodalité, le prolongement des procès et des procédures rappeloit sans cesse la nécessité de l'invoquer.

Quoi qu'il en soit, le P. Bouhours, dans ses Doutes sur la langue française, profite de l'*abrégement* employé par Chanteresne, pour faire acte de mauvaise humeur contre les jansénistes. Il ne pouvoit souffrir, disoit-il, ces grands mots lourdement terminés en *ment*. D'ailleurs, quel besoin d'*abrégement*, répétoit-on après lui, quand on avoit déjà accourcissement? On auroit pu répondre en sens inverse : quel besoin de garder ce dur et long accourcissement, quand la langue ancienne donnoit déjà *abrégement?* Ménage, Richelet et Allemand, prirent parti pour Chanteresne. Bouhours ne se tint pas pour battu, il déclara dans ses Nouvelles Remarques, en 1692, que « le mot, « tout commode qu'il etoit, n'avoit point été « reçu, et que, n'en déplaise à M. Richelet, l'au- « teur des Doutes n'avoit pas jugé de travers en le « condamnant ». Si l'usage est la règle du droit ou du travers, je conviens à mon tour que Bouhours avoit bien jugé; sinon, je me range contre l'Académie, du côté de Richelet et de M. Legoarant.

ABRI, s. m. La manière dont la plupart des savans ont parlé jusqu'à présent de ce mot, accuse en eux un oubli bien singulier de l'ancienne langue française. L'Espagnol Covarruvias, Muret, commentateur de Ronsard, Henry Estienne, Pasquier, Saumaise et Caseneuve, s'accordent à le faire venir d'*apricus*, lieu ouvert, sans éprouver

le moindre embarras du véritable sens d'*apricus ;* car, selon eux, *abri* indiqueroit un lieu dont la couverture n'est pas couverte. « Porque », avoit dit Covarruvias, « los lugares abrigados... los ca- « lienta el sol ».—«Il y a apparence », dit Caseneuve, « que nous avons pris : se mettre à l'*abri*, « pour se mettre à couvert, parce que les cho- « ses exposées au soleil sont, en quelque façon, « à couvert du froid et du mauvais tems ».

C'est par l'effet d'un raisonnement analogue que le dictionnaire de Robert Estienne avoit rédigé l'article suivant : «*Abri*, un *abri* où le so- «leil frappe toujours, *apricus locus*. — Qui de- «mande à être à l'*abri* et se tenir au soleil, *homo* «*apricus*.—Estre à l'*abri*, *apricari*». Jean Thierry, le directeur de la seconde edition de Robert Estienne, a cru devoir ajouter cependant : «Nous « disons aussi : se mettre à l'*abri*, pour : eviter « la pluie, c'est-à-dire, sous quelque couver- « ture. — Se mettre à couvert, *sub tectum sub-* «*ire*». On voit, par les citations précédentes, combien une fausse etymologie peut détourner le sens des mots. Être à l'*abri*, n'avoit certainement jamais été pris pour synonyme de : se tenir au soleil; mais, dans la dernière moitié du XVIe siècle, les doctes ont pu se croire le droit de l'employer dans cette acception absurde.

Le premier qui ait entrevu la véritable origine d'*abri*, est le savant champenois Pierre Pithou, dans ce passage du premier livre de ses Comtes de Champagne : « *Brie* a esté ainsi appelée du mot « français qui signifie proprement ce que les ve- « neurs en leurs termes appellent couvert, l'op- « posans à la campagne ; lequel mot on usurpe « encore aujourd'hui assez communément quand « on dit : se mettre à l'*abri*. Qui me faict mer- « veiller de ceux qui faisans profession de la pu- « reté de notre langue, interprètent *abri* (car ainsi « l'escrivent-ils), lieu découvert et exposé au so- « leil, déduisans ce mot du latin *apricum*... qu'en- « core, en tout evénement, je déduirois plustôt de « *arbre*, selon notre prononciation[1]; sinon que « quelqu'un aimast mieux attribuer ou laisser la « première lettre à son article ». (La Brie.)

Ce passage lucide n'a pourtant pas eu le pouvoir d'eclairer Bourdelot ni Ménage. « Nicot et « Pithou, dit ce dernier, se sont fort bien aper- « çu que notre *abri* ne venoit pas d'*apricus*, mais

---

[1] Au XVIe siècle et même au XVIIe, on prononçoit *abre*.

« ils n'ont pas su d'où il venoit. Il vient d'*ope-*
« *ricus* inusité, qu'on a fait d'*operio*, comme
« *apricus* d'*aperio*. On a changé l'*o* en *a*, etc. ».
Cette opinion de Ménage est tout-à-fait inadmis-
sible; *opericus* n'ayant jamais été employé ne peut
avoir donné naissance à un autre mot. D'ailleurs,
cet *abri* auroit autant changé sur la route que le
fameux *Alfana*.

Mais voyez comme en ne citant pas textuel-
lement, il est aisé de se méprendre sur l'opinion
des auteurs! Bourdelot appuie son *apricus* sur
la parole prétendue du très-docte Pithou. Ro-
quefort, dans son Glossaire, prétend que Ménage
dérive *abri* d'*apricus*, et Furetière, long-tems
avant lui, avoit soutenu que ce même Ménage le ti-
roit d'*arbor* ou *albor* [1]. Pour lui, Furetière, moins
judicieux que d'habitude, s'est rangé du côté
d'*apricus*, quoique de signification contraire. Et
comme nos lexicographes ont tous pillé et diffamé
le pauvre Furetière, c'est *apricus* qui a prévalu
dans les éditions de Trévoux et chez les modernes
etymologistes de seconde main.

Pithou, à défaut de sa chère Brie, avoit proposé
arbre; Sainte-Palaye, le premier, se prononça
pour cette dernière racine. « Nous croyons »,
dit-il, « qu'*abri* est formé d'arbre, que son accep-
« tion propre et primitive est le couvert que procu-
« rent les branches d'un arbre, et qu'ensuite on a
« employé *abri* dans l'acception qui lui reste, etc. ».

A notre tour, nous modifierons légèrement la
découverte de Sainte-Palaye.

Les Latins avoient les deux mots *arbustum* et
arboretum, le premier poétique et le second familier [2], pour désigner en général un lieu planté
d'arbres (locum consitum arboribus) et en particulier, une plantation d'arbres destinés à couvrir la vigne et à lui servir d'appui. « Qui vi-
« neam, vel arbustum constituere volet, semina-
« ria prius facere debebit, etc. ». (Colum., lib. v,
cap. 5.) De cette réunion d'arbres et de ceps, les
Romains en faisoient volontiers de délicieux asi-
les, et sur l'emplacement de ces vignes antiques,
on trouve encore aujourd'hui fréquemment des
objets précieux, médailles, statues, bas-reliefs
et mosaïques.

De ces *arbousts*, comme on disoit en Guyenne,
ou *arbrées*, comme on disoit dans la France du
Nord, sont venues nos allées d'arbres, nos char-

milles, nos jards, nos plantations d'arbres sur
les grandes routes et dans les grands jardins.
Les vergers (*viridarii*) du xiv° siècle, si célèbres
dans l'hôtel Saint-Paul de Paris, etoient encore
ce que les Romains appeloient des *vineæ*, des
arboreta.

D'*arbustum* et *arboretum*, vinrent simultanément les verbes *arbustare* et *arboretare*, c'est-à-
dire : « Agrum arboribus conserere, ad maritan-
« das vites », et c'est de là qu'il fut aisé de former
les mots vulgaires, *abri* et abriter. Citons quelques phrases latines pour mieux convaincre les
incrédules. Pline, lib. 17, cap. 23 : « Transpadana
« Italia corno, populo, tilia, acere, orno, quercu,
« arbustat agros ». Ne peut-on traduire : « L'Ita-
« lie transpadane abrite les champs de cornouil-
« lers, de peupliers, etc., etc. » ? — Aulugelle, au
livre xvii, cap. 2 : « Convalles et arboreta magna
« erant ». Ne peut-on traduire : « Des valons et
« de grands *abris* » ? Mettez de préférence de
grands berceaux d'arbres ou de grandes vignes
couvertes, cela reviendroit encore au même.

Enfin, dans le dictionnaire latin-français du
xiii° siècle, je trouve *arbutus*, *arbutum*, rendus
par *arbrée*. Dans la chanson de Belle Amelot (Ro-
mancero français, p. 28), le trouvère a exprimé
une allée d'arbres, par *arbroie* :

> Bele Emmelos, ez près, desous l'*arbroie*,
> Pleure Guyon, sor l'erbe qui verdoie,
> Por mal mari qui la bat et laidoie.

Peut-être, sans l'exigence de la rime, eût-il mis
abrie, et peut-être aussi le manuscrit auroit-il dû,
pour se conformer à l'usage et rendre la rime plus
correcte, ecrire *arboie*, comme on lit dans les
chansons du roi de Navarre. Ainsi les lois de l'euphonie ayant fait souvent elider l'un des deux *r*, on
prononçoit dès le xiii° siècle, *abrée* ou *arboie*,
qui nous conduisent naturellement à *abri*. L'u-
nique incertitude n'est plus que dans les mots
arbustum et *arboretum*; pour moi, je préfère *ar-*
boretum.

L'*abri* est donc précisément un lieu planté d'arbres elevés et touffus, et cette explication certaine
nous indiquera toute l'extension que l'on peut
donner à cet excellent mot. Par exemple, bien qu'il
soit presque toujours un synonyme exact et pittoresque de couvert, je n'aime pas que l'on mette
des espaliers à l'*abri* du vent. Quand au lieu de
couvrir des bâtimens par des arbres, vous cou-
vrez des arbres par des murs, est-il elégant de

---

[1] Basnage a corrigé cette faute dans l'edition de 1708.

[2] Aulugell., lib xvii, cap. 2.

dire que vous mettez ces arbres à l'*arbrée* ou à l'*abri?* C'est donc ici le cas de préférer : à couvert.

L'Académie dit qu'on peut être à l'*abri* d'un bois, à l'*abri* de la faveur, c'est-à-dire, sous le couvert d'un bois, sous la protection de la faveur. Il vaudroit pourtant mieux dire en pareil cas : sous l'*abri* d'un bois, — de la faveur. Vous n'admettrez jamais en effet dans la même acception : à couvert d'un bois. Mais vous direz : *sous* le couvert ou *sous* l'*abri* de ce bois;— je suis *à* couvert ou *à* l'*abri* du soleil, etc. Est-ce donc parler clairement que de se mettre à l'*abri* d'un bois, pour être à l'*abri* d'un orage ?

Encore une observation : l'*arbrée* ou l'*abri* (arboretum), est surtout un moyen de se garantir du soleil. Mais, par suite de la fausse etymologie *apricus*, tous les grammairiens ont retranché de leurs exemples, à l'*abri* du soleil. En revanche ils ont recommandé : l'*abri* de la pluie, par la précieuse raison de Caseneuve : « Parce que les « choses exposées au soleil (aprica), sont, en quel- « que façon, à couvert du froid et du mauvais « tems ».

Proverbe : « Mettre à l'*abri* » ; c'est-à-dire, en prison. Nous disons mieux aujourd'hui : « Mettre à « l'ombre », et c'est précisément la même chose.

ABRITER, v. a. Sa première forme etoit *abrier*, qui dérivoit en effet plus naturellement d'abri, mais non pas du latin *arboretum*. Guillaume Guiart, cité par Carpentier, dit fort bien :

> La très-précieuse couronne,
> La très-digne, la très-honeste
> Que Jésus-Christ ot en sa teste,
> Si comme sais l'en *abrièrent*,
> Le jour qu'il le crucifièrent.

Il est probable que le poëte emploie ce mot par allusion au bois, à l'arbre qui avoit fourni la douloureuse couronne. Toutefois, Guillaume de Lorris avoit dit plus d'un siècle avant lui, en parlant de Papelardie :

> Si ot d'une chape forrée
> *Abrié* et vestu son cors.
> (T. I, p. 18.)

Et le traducteur de Guillaume de Tyr, au XIIIᵉ siècle « Li ivers ert moult aspres de froit, de « pluies..., li cheval ne pooient estre abrié ». (Liv. II, ch. 6.)

Ce mot d'*abrier* se trouve aussi dans Montaigne auquel Pasquier l'a reproché. Cotgrave l'a enregistré au commencement du XVIIᵉ siècle, et Mezeray l'a encore employé.

Mais les jardiniers, plus près sans doute du véritable sens et de la racine *arboretum*, ont toujours dit *abriter;* du moins retrouve-t-on ce mot dans les plus anciens traités du jardinage ; et comme on l'a, pour la première fois, admis dans la dernière edition du dictionnaire de l'Académie, on ne comprend pas comment en commençant par déclarer que c'etoit un terme de jardinage, les etymologistes n'etoient pas arrivés naturellement à reconnoître la racine *arbor* et *arboretum*. Y avoit-il donc si loin d'*abri* à *arbrissel* ou arbrisseau ?

Abriter, terme de jardinage, est pour la première fois dans le vocabulaire français de 1767.

ABRICOT, s. m., et **ABRICOTIER**, s. m. Ménage a prouvé parfaitement que ce mot etoit le même que le latin *præcoqua*, employé par Calphurnius, par Pline et par Martial. Ce dernier, liv. XIII, epig. 46 :

> Villa maternis fueramus *præcoqua* ramis,
> Nunc in adoptivis Persia cara sumus.

Il est aisé de voir comment la *præcoque* latine sera devenue l'*apricock* des Anglais, qui sans doute nous le doivent, et notre présent *abricot.* Ménage, qui ne peut se contenter d'une bonne raison, nous paroît donc s'être trompé quand il a ajouté : « Du πραικόκια de Dioscorides et de Ga- « lien, les Grecs ont dit βερικόκκια, puis βερέκοκκον. « De là, les Italiens : *bericocco ;* des Italiens, les « Arabes : *albercoq ;* des Arabes, les Espagnols : « *alvarcoque*, et d'*alvarcoque*, les Français ont fait « leur *abricot* ». Quelle ridicule manie de chercher midi à quatorze heures! Et remarquez-le bien, les Français toujours les derniers. Ils ont tout pris aux autres, ils n'ont jamais rien donné à personne.

L'*abricot* n'est pas mentionné dans les lexiques du XIIIᵉ et du XIVᵉ siècles. On le chercheroit inutilement dans la nomenclature du Propriétaire des chôses. Je ne puis croire cependant qu'il ne nous soit pas directement venu de l'Italie romaine; un arbre aussi précieux, aussi facile à greffer, à cultiver, n'a pu tarder long-tems à prendre racine dans tous les climats tempérés et civilisés.

Robert Estienne, qui souvent modifie l'orthographe des mots dans l'intérêt de ses sentimens etymologiques, traduit *pruna armeniaca : arbricot.*

(De latinis et græcis nominibus arborum, etc.,
1545, p. 13 et 63.) Mais le mot auroit pour première racine, *arbor*, que l'euphonisme auroit
toujours empêché nos pères de prononcer d'une
pareille façon, eux qui disoient *abre* pour arbre.
Au reste, dans les editions posthumes de son
dictionnaire français-latin, on a rétabli *abricot*
et *abricotier*.

Gabriel Murier, compilateur de proverbes, au
XVIᵉ siècle, cité par M. Le Roux de Lincy (I, p. 38),
donne le dicton suivant :

> Quand l'*abricotier* est en fleur
> Jour et nuit sont d'une teneur.

Le Roux, dans son dictionnaire comique (edition de 1735), signale aussi l'expression *abricot*
fendu, dont il donne le sens catégorique. Jusque-là, c'est fort bien ; mais il ajoute : « Cette ma-
« nière de parler enveloppe honnêtement une
« sottise que les personnes les plus scrupuleuses
« peuvent, sans risque de censure, exprimer
« par ces deux mots figurés, comme on en use
« fréquemment en France ». Or, si l'on demande
aux personnes les plus scrupuleuses ce qu'elles
entendent par ce mot, que répondront-elles? Le
Roux eût bien fait de le leur indiquer.

ABROGATION, s. f., et **ABROGER**, v. a. Ces
expressions sont purement latines, et je ne pense
pas qu'on les ait jamais reçues dans la langue française, avant les premières années du XVIᵉ siècle,
epoque où l'usage de rendre la justice en français
s'introduisit au palais. Vossius avoit fort bien remarqué qu'on avoit dit *abrogare legem*, au lieu
d'*auferre legem*, parce qu'on employoit *rogare
legem* au lieu de *ferre legem*, ou porter une loi.
Le glossaire du XIIIᵉ siècle, nᵒ 7692, rend exactement *abrogare* par *destruire*. On ne le trouve
pas dans le Calepin de 1578, ce qui prouve
du moins qu'il etoit encore d'un usage peu autorisé. Robert Estienne l'avoit cependant enregistré
en 1539; mais c'est le réviseur de 1564, Jean
Thierry, qui joignit le premier *abrogation ;* et
après avoir rappelé *abroger*, il ajoute : « Dites
« abolir ».

M. Legoarant reproche à l'Académie de n'avoir
pas admis *abrogeable* qui seroit fort utile. Nous ne
croyons pas à son utilité, et nous le maintenons
barbare. L'*abrogation* d'une loi résulte ordinairement des dispositions contraires d'une loi plus
récente; comment donc, si l'on ne prend pas la

tournure d'esprit des Allemands, sentirons-nous
l'utilité de l'*abrogeabilité?* Proh pudor ! Et si vous
obtenez cet adjectif, ne demanderez-vous pas aussi
abolissable? Pourquoi non ?

Remarquons que le latin *rogare*, que nous ren-
dions au moyen-âge par *rouver* ou *rover*, ne s'est
pas conservé. Mais je pencherois à croire que
notre verbe rabrouer, peut venir directement
de l'*abrogare*, dont on aura doublé l'*r* pour le
rendre plus energique. *Abrogare* avoit encore, en
effet, le sens de : humilier, repousser. (Voy. Aulugelle et Isidore, cités par Vossius et Du Cange.)

ABRUPT, adj. Ce mot, en latin, signifie rompu, brisé. L'Académie remarque qu'il est, en
français, peu usité, et nous croyons qu'il vaudroit
mieux qu'il ne le fût pas du tout. Il n'a rien de
français dans la forme; jamais on ne l'avoit admis dans les dictionnaires avant le XIXᵉ siècle;
et c'est au point que le grand Vocabulaire de
Panckouke avoit dédaigné de l'enregistrer. « Il se
« dit, » selon l'Académie, « des terrains et des ro-
« chers bizarrement coupés, et comme s'ils avoient
« été rompus ». La définition a toute l'elégance
du mot lui-même. S'il a un sens, c'est celui du
mot latin; il doit donc se dire des terrains et
des rochers rompus, brisés, quand même ces
ruptures n'offriroient rien de bizarre.

Pour l'acception figurée : un style *abrupt*, qui
ne préférera, dans la bonne société, style rompu,
rude, âpre, hérissé, désordonné, informe, etc. ?

EX ABRUPTO. Voy. *Ab irato.*

ABRUTIR, v. a. —**ABRUTISSEMENT**, s. m.
Ces deux mots sont assez nouveaux dans la langue
française, et ne doivent pas remonter au-delà de
la fin du XVIᵉ siècle. Il est aisé d'expliquer pourquoi on ne les avoit pas composés plus tôt. Qu'est-
ce que la racine *brut?* D'après la définition de l'A-
cadémie : « C'est ce qui est dans l'etat grossier où
« la nature l'a produit ». Vous dites bien du sucre
brut, une bête brute ; pourriez-vous *abrutir* du sucre, un diamant ou une bête? Je ne le pense pas.

Mais nous avons beaucoup etendu le sens de
brut, ou plutôt brute. Au lieu d'un adjectif qui
distinguoit une certaine classe d'animaux, nous
en avons fait un substantif désignant au propre
tous les animaux dépourvus d'une certaine intelligence; au figuré, les hommes qui montroient la
stupidité de ces animaux. Alors *abrutir* n'a plus

représenté l'action de ramener un homme au premier etat de nature, mais celle de le réduire à un
etat inférieur à sa destination naturelle ; et comme
il venoit directement du sens figuré donné au
substantif brute, on eût peut-être mieux dit *abru-
ter* que *abrutir*, qui semble formé de l'adjectif
brut, dont le sens rigoureux a été pourtant et ex-
clusivement maintenu.

Je garde une répugnance invincible pour les
phrases suivantes : « Le vin *abrutit* les hommes ».
Je ne puis m'empêcher de songer qu'en général
les bêtes brutes ne doivent rien au vin. — « Le vin
« *abrutit* l'esprit », dit encore l'Académie ; je com-
prends que l'esprit du vin soit brut, mais non pas
que le vin puisse rendre l'esprit brut. Je suis trop
délicat, dira-t-on ? à la bonne heure !

Abrutir et *abrutissement* ne sont ni dans Robert
Estienne ni dans Nicot. Je les trouve pour la première fois dans Cotgrave, et peut-être les doit-on
à Montaigne.

ABSENT, adj. Il est purement latin : c'est le
vieux participe du verbe *abesse*. Les Provençaux
l'ont admis dès l'origine ; mais les Français, seulement à la fin du xive siècle. (Lexique fr.-lat.,
msc. 7684.) Pierre de Fontaines appelle *dépaisiés*
ceux que nous désignons comme *absens* ; si le mot
avoit été reçu précédemment, nos trouvères lan-
goureux n'auroient pas manqué de déplorer dans
leurs chansons les douleurs de l'absence.

L'Académie le définit : « Qui est eloigné de sa de-
« meure ordinaire ». *Ordinaire* pourroit bien être
de trop. Une femme que son amant ne voit qu'à
la dérobée, peut se plaindre de l'absence aussi
bien que l'epouse fréquemment délaissée. Comment justifier aussi le joli vers de Delille dans lequel le chien endormi poursuit dans ses rêves le
gibier *absent* ? Ce dernier mot forme donc un con-
traste parfait avec présent ; que l'Académie définit
fort bien : « Ce qui existe dans un lieu marqué ».
Il falloit peut-être se contenter pour *absent*, de :
ce qui n'existe pas dans un lieu marqué.

ABSENCE, s. f. Il n'est devenu français qu'au
xive siècle, bien que les Provençaux l'eussent admis dès l'origine. Sainte-Palaye l'a trouvé dans les
poésies de Froissart, et Bouthillier lui avoit donné
place egalement dans sa Somme rurale.

ABSENTER (s'). Ce mot est arrivé du palais
dans la bonne compagnie. Au palais il se rapporte
au sens donné à l'absence, à l'etat civil d'une
personne eloignée depuis un certain tems de ses
Liens, de sa famille. Les lois ont prévu les incon-
véniens et déterminé les cas de l'absence. Elles ont
mis sous une certaine sauvegarde les biens de celui qui *s'absentoit*. Dans cet ordre d'idées, *s'absenter* n'etoit pas précisément s'eloigner d'un lieu,
mais se rendre, par la durée de l'eloignement,
susceptible d'être déclaré absent. Au xiiie siècle,
on disoit *forpaisier*, *dépaisier*. « L'ome ne viaut
« plus tenir celui fief, porce que il se sent grégié
« dou service, ou porce que il viaut forpaisier
« et servir autre seignor fors dou roiaume de Jé-
« rusalem ». (Assises de Jérusalem, edition de
M. Beugnot.)

Puisque, dans l'acception naturelle, être absent
répond exactement au latin *abesse*, il semble qu'on
ne devroit pas employer les expressions *s'absenter*
ou *se abesse*. Cela ne devroit être ni elégant ni
raisonnable. Comment se mettre soi-même hors
de quelque endroit ? Voilà sans doute pourquoi
la poésie française n'accepte pas ce verbe réciproque. Et si elle répugne à l'infinitif, que feroit-
elle du : il s'est *absenté* ? Claudien, grand poëte, il
est vrai, mais méchant grammairien d'une epoque
de décadence, a pourtant hasardé, je ne sais plus
où : « *Absentare* aliquid ou aliquem » ; mais il y a de
la différence entre l'action de ménager l'absence
de quelqu'un ou de quelque chose, et celle de
s'absenter soi-même. Au reste, je ne m'avise pas
de demander la suppression d'un mot qui compte
déjà plus de trois siècles d'existence ; je me contente de faire des vœux pour que la poésie, cette
langue que le vulgaire entend et ne parle pas,
persiste à le rejeter.

ABSIDE, s. f. Le latin *absida* a été fréquemment employé dans la même acception par les
auteurs ecclésiastiques, et déjà on le trouve dans
Grégoire de Tours ; mais il n'avoit pas pénétré
dans la langue vulgaire, soit qu'on n'en sentît pas
la nécessité, soit qu'on eût un eloignement légitime pour l'admission d'un mot grec dans un
autre sens que celui qui lui appartenoit. Ἀψὶς en
effet, ne devroit signifier que voûte. Dans l'acception admise aujourd'hui, il répond aux mots de
chœur, arrière-chœur, fond du chœur et rond-
point de la nef. D'après le Dictionnaire de Trévoux, il paroît qu'on en a toujours fait usage en

Belgique : « *Abside* s'est dit autrefois de certains
« oratoires secrets, et se donne encore dans les
« Pays-Bas à ce que nous appelons chœur, lieu
« au-delà de l'autel qui n'est point aperçu du
« peuple,et où les religieux chantent l'office ».

C'est de notre tems que les antiquaires ont
décidément introduit dans la bonne langue française le mot *abside*. Il conviendroit de le réserver
pour les eglises dans lesquelles le maitre-autel
est placé à certaine distance du fond de la nef; car
dans celles qui présentent l'autel appuyé contre
les murs du fond, il n'y a pas d'*abside*, et on
devroit se contenter des mots de chœur ou
rond-point. Mais il faut avouer que ce mot de
chœur a un grand inconvénient; tout le monde
l'entend fort bien.

Je crois que c'est à M. de Caumont que nous devons le bon usage d'*abside*. L'Académie lui a donné des lettres de naturalisation dans sa dernière
edition de 1835. Je n'approuve pas M. Legoarant
qui recommande à l'Académie de l'ecrire *apside*,
comme venant du grec; car cela n'est pas exact.
Abside, dont la racine est grecque, nous est venu du
latin *absis* ou *absida*. Nous n'avons à faire qu'au
latin; il faut donc conserver notre *abside*. Vossius
avoit dit, dans son excellent *Etymologicum lin-
guæ latinæ* : « *Absis* scribo per *b*, non per *p*, etsi
« Græcè sit ἀψίς. Nam latini in hujus modi con-
« vertunt π in ϐ, quemadmodum in *absinthium*
« diximus ».

ABSINTHE, s. f. Nous avons pris ce mot du
latin *absinthium*, dont la racine grecque ἀψινϑος
signifie : privé de douceur. Il ne faut donc pas ici
se régler sur l'orthographe grecque comme le
vouloit Ménage, mais sur l'expression latine,
devenue française.

Le genre d'*absinthe* s'est etabli difficilement. Si
l'on consulte le radical, il doit être masculin, et
Malherbe, un des premiers qui aient hazardé cette
belle expression, l'a faite deux fois masculine, et
une autre fois féminine. Il a dit admirablement
dans l'ode pour la reine régente :

> Roi, dont la mémoire est sans blâme,
> Que dis-tu de cette belle âme,
> Quand tu la vois si dignement
> Adoucir toutes nos *absinthes*,
> Et se tirer des labyrinthes
> Où la met ton eloignement !

Vaugelas a eu grand tort, à mon avis, de reprocher à Malherbe ici l'emploi du pluriel. Mettez à sa place le singulier, et toute la beauté de

l'image s'evanouira. Le poëte savoit que Lucrèce
avoit dit :

> Sed veluti pueris *absinthia* tetra nocentes...

Il savoit surtout que chaque famille, dans une
grande nation, pouvoit avoir sa tige d'*absinthe* à
edulcorer, còmme diroient les hommes de l'art.
Mais pour revenir au genre de ce nom, Malherbe
dit ailleurs : « Tout le fiel et tout l'*absinthe* ».
Ailleurs encore, dans une méchante et lâche epi-
gramme contre le connétable de Luynes mort,
que vivant il avoit excessivement loué, il dit :

> Cet *absinthe* au nez de barbet,
> En ce tombeau fait sa demeure;
> Chacun en rit et moi j'en pleure;
> Je le voudrois voir au gibet.

Pour entendre cela, il faut savoir qu'avant l'a-
doption du mot latin *absinthium*, on le rendoit en
français par celui d'*aluine*. Dans tous les pam-
phlets dirigés contre le connétable, il est toujours désigné comme l'*aluine* vénéneuse dont il
faut délivrer la France. Ainsi, du moins, faut-il
reconnoître que Malherbe n'est pas coupable d'a-
voir imaginé le jeu de mots.

Je vois, pour la première fois, poindre *absinthe*
dans le Traité de Re hortensi, de Robert Estienne
(Paris, 1545, p. 55) : « *Absinthium*, vulgus vocat
« de l'*aluine*, alias appellatur du fort, propter in-
« signem amaritudinem. Quidam tamen nomen
« latinum imitantes vocant de l'*absinse* ».

Puis dans le dictionnaire de 1564, et dans les
Nicot et les Cotgrave, nous voyons : *absince* ou *ab-
synthe*, ou *aluine*.

Le Lexique du XIIIᵉ siècle, rend *absinthium* par
alene; mais on trouve *aluyne* dans le Roman d'A-
lexandre et dans la traduction de la 1ʳᵉ epître
d'Héloyse à Abailard, par Jean de Meun (Msc.
7273 ²) : «Erant memini hujus epistolæ fere omnia
« felle et *absinthio* plena ». — « Toutes les pa-
« roles de cette epistre estoient pleines de venin
« et d'*aluine* ». J'ignore d'où ce mot etoit venu ;
peut-être avoit-il été connu des Latins : *alenis*,
privé de douceur; ou bien encore est-ce une sorte
de diminutif d'*aloé* ou aloès.

On ne voit dans aucun dictionnaire l'expression
de vin *absinthé*, qui est pourtant d'un grand usage
dans l'acception de vin eventé, aigri, et non plus
dans celle qu'elle avoit chez les Romains et cheznos
ancêtres : *vinum absinthiatum*, c'est-à-dire, epicé,
aromatisé, mêlé de jus d'*absinthe*. (Voy. Vossius
et Du Cange.) J'ignore si ce vin *absinthé* etoit la
liqueur d'*absinthe* dont on fait tant usage aujour-

d'hui dans les cafés et surtout dans les estaminets.

ABSOLU, E, adj. Vossius l'a très-bien défini :
« *Absolutus* proprie, quod vinctum esse desiit ;
« sed κατὰ μετάλεψιν sic vocatur in quo nihil desi-
« deratur ». Ainsi les Latins nous avoient transmis l'exemple de l'extension du mot *absolutus*. Qu'est-ce qu'un roi *absolu?* un roi délié de toute obligation, affranchi de tout frein, de toute réserve. Qu'est-ce qu'une vérité *absolue?* une vérité indépendante de toute circonstance, de toute exception. Par exemple, c'est une vérité *absolue*, que un et un font deux.

Absolu se prend aussi par une extension plus grande, pour entier, parfait, complet. Ainsi, dans la Chronique des ducs de Normandie, par Benoist de Sainte-Maure, l'eglise, dit-on, a le droit

> De faire le saint sacrement
> En qui cil sunt regeneré
> Qui crestien sunt apelé ;
> Si raiente, si *absolue*,
> Si sa chère amie, et sa drue, etc.

Raiente, c'est-à-dire, rayonnante ; *absolue*, c'est-à-dire, indépendante, entière, souveraine. L'ancienne expression jeudi *absolu*, vient de ce qu'on donnoit l'absoute aux fidèles le jeudi de la semaine sainte. Ce jour, les rituels le désignoient comme *dies absolutionis ;* de là, jeudi *absolu :* mais comme le mot *absolu* cessa bientôt de présenter une image claire, on le dit aussi du jour suivant. Dans Renart le Novel, on trouve :

> Cascuns accroist plus qu'il ne paie,
> Dont li peres cacera paie
> Seur nous, por son fil qui moru
> Au grant vendredi *absolu*,
> Por nous de si cruente mort.
>
> (v. 5425.)

Et le père Garasse, dans sa Recherche des Recherches : « Comme ce libertin, lequel voyant « pleurer le peuple catholique au jour du vendredi « *absolu*, leur dist : Ne pleurez pas, bonnes gens, « car par adventure n'est-il pas vrai ». (P. 54.)

Il sembleroit, d'après ces deux exemples, que le véritable jour *absolu* fût le vendredi saint ; et ce seroit une allusion à la mort du Sauveur qui nous a racheté de nos péchés ; le vendredi de l'absolution des hommes. Mais le jeudi *absolu* est d'un plus ancien usage. « Chest li liex là u Jhesu Crist « mengua à la chaine le jeudi *absolut*. » (Descript. des saints lieux. XIII° s. Msc. 7188⁵, fol. 94, v°.)

ABSOLUMENT, adv. En latin *absolutè ;* en vieux français, *absolutement* (absoluta mente). Monstrelet, chap. 107 : « Disant *absolutement* « qu'ils vouloient avoir certaines personnes ». A la fin du XVI° siècle, on l'ecrivoit *absoluement*, et par conséquent on ne le prononçoit pas comme aujourd'hui.

ABSOLUTION, s. f. C'est le latin *absolutio*. Il est français d'origine. Dans Renart le Novel, les prélats sont accusés de chercher querelle aux dominicains :

> Car il nos metent en debat
> A oïr les confessions
> Et de faire *absolucions*,
> Et d'enjoindre penance as gens...
>
> (v. 7480.)

On le prenoit autrefois volontiers comme synonyme de pardon ou indulgence ; témoin ce passage de Monstrelet, dans lequel la belle Agnès Sorel « requist son confesseur qu'il la voulsist « absoudre de peine et de coulpe, par vertu « d'une *absolution* laquelle estoit à Loches, si « comme elle disoit ». (Tom. III, f° 25, v°.)

ABSOLUTOIRE, adj., dont l'effet est d'absoudre. Ainsi : sentence *absolutoire*. C'est un terme de palais qui n'a fait quelque echappée dans la bonne compagnie, que depuis la fin du XVII° siècle. Il est lourd et inutile, puisqu'une sentence d'*absolution* signifie précisément la même chose. Evitez, pour compagnon de route, celui qui prononcera d'abord cet adjectif.

ABSORBER, v. a. Ce mot, l'*absorbere* des Latins, est français d'origine. On ne l'employoit autrefois que dans le sens propre. Puis il a vieilli, il s'est confiné dans le langage technique de la médecine, d'où il est ressorti vers le commencement du XVII° siècle. Bientôt devenu fort à la mode, on l'a surtout admis dans le sens figuré, et nous devons avouer qu'il réunit toutes les conditions du bon et bel usage.

Au moyen-âge, on disoit tantôt *assorber* et tantôt *asorbir*, d'après la manière ordinaire de prononcer les infinitifs de la 2° conjugaison latine : *tenere*, tenir, *timere*, cremir, etc. ; mais il avoit alors le sens propre ou figuré d'aveugler et c'etoit un souvenir de l'*orbare* des Latins. Ainsi, dans le Roman de La Rose, le poëte voulant peindre les jouets du fleuve de fortune :

Là sunt empoint et debouté
Du hideus fleuve redouté.
Mains en sorbist l'eau et afonde,
Maint sont hors reflati par l'onde !
Mès li flot mains en *asorbissent*
Qui si très en parfont flatissent
Qu'il ne sevent trace tenir...

(v. 6079.)

Il est vrai que les Latins disoient aussi : *aqua navim absorbuit;* mais les deux vers qui suivent justifient le sens que nous proposons. D'ailleurs Philippe Mouskes a dit, d'une façon peu elégante il est vrai :

Por çou que li sires li fist
Les deus ious *asorbir* el clef.

Et dans la table des Dialogues de saint Grégoire, transcrits en 1212, les mots : *de ariano episcopo acaecato,* sont rendus par : del evesque arrien *assorbé.* (Msc. de Sorb. 1382.)

Absorbir ou *absorbere* ne se retrouvent dans aucun dictionnaire du XVI siècle. Le Calepin de 1578 rendoit *absorbere,* par : humer tout, engloutir.

Cotgrave semble avoir le premier ressuscité, vers 1630, *absorber;* je dis ressuscité, car on ne peut douter qu'il ne l'eût vu en quelque livre français, ou qu'il ne l'eût entendu prononcer par des Français autorisés. Les médecins n'avoient sans doute jamais cessé d'employer l'adjectif *absorbant,* pour qualifier certaines drogues attractives. *Absorbant* ne doit pas sortir des domaines d'Hypocrates. Je penche à croire que la chaire et les ecrivains ascétiques nous auront rendu *absorber.* Ils auront parlé des saints *absorbés* dans la contemplation, — dans l'amour de Dieu, etc. De là, on aura été *absorbé* dans l'etude des mathématiques, — dans les plaisirs, — dans les vanités du monde. Les soins de ma fortune *absorbent* tout mon tems, etc., etc.

Mais je ne saurois souffrir : il paroît tout *absorbé.* Le mot paroître ne peut aller convenablement avec celui d'*absorbé.* Vainement entendrez-vous parler de l'esprit; l'esprit n'a pas mieux que le corps le privilége de paroître *absorbé.*

Un autre dérivé que nous repoussons de toutes nos forces, que les Trévoux avoient rejeté, mais que le grand Vocabulaire et l'Académie, après lui, n'ont pas craint d'adopter, c'est *absorption :* mot dur, mot barbare, mot d'une orthographe odieuse. Nos beaux-esprits modernes parlent agréablement de l'*absorption* de toutes les facultés naturelles et acquises, etc. — Dieu nous garde de l'*absorption !* Cependant s'il falloit lui accorder des lettres de naturalisation, qu'on supprime le *p* qui ne se prononce pas, et qu'on se contente de l'*absortion.*

ABSOUDRE, v. a. C'est le latin *absolvere,* formé, comme poudre de *pulvere.* On l'emploie surtout à l'eglise et au barreau. On *absout* le chrétien de ses péchés, c'est-à-dire, on l'affranchit de la souillure, on le dégage de la punition qui devoit en être la conséquence. — On *absout* un accusé, c'est-à-dire, on le tient quitte des peines demandées contre lui.

Il faut se garder de définir ce verbe par : renvoyer innocent quelqu'un. On ne sauroit renvoyer innocent celui qu'on a reçu coupable. Mais nous l'expliquerons : affranchir quelqu'un d'une accusation; car l'accusation peut tomber sur un innocent comme sur un coupable. Dans cet axiome : « Mieux vaut *absoudre* un coupable que condam-« ner un innocent », entendrez-vous : mieux vaut renvoyer innocent un coupable, que retenir coupable un innocent? Non, sans doute, car il n'appartient à personne de faire d'un vrai coupable, un véritable innocent.

Dans nos assises, les jurés doivent déclarer l'accusé coupable ou non coupable. Dans ce dernier cas, ils rendent plus qu'une sentence d'absolution. S'ils pouvoient se contenter de déclarer *absous* celui dont la faute n'est pas evidente, leur conscience seroit, dans une foule de cas, plus à l'aise; car l'acquittement n'impliqueroit plus (et les avocats n'auroient pas de peine à le prouver) l'innocence de l'accusé.

L'ancienne formule d'absolution des censures ecclésiastiques, etoit : « Ego te *absolvo* ob omni « vinculo excommunicationis ». C'etoit là parler d'une façon exacte.

Le mot est français d'origine; mais on disoit plus souvent, au XIII siècle, *assodre, assoldre* ou *assoudre,* participes *assos* et *assous.* On trouve aussi : *absoldre* et *absollons,* pour *absolvons; assoile* et *absoile* pour *absolve; absolt* pour *absous;* le conditionnel etoit *absoulsisse,* ou *absousisse,* que nous avons répudié. « Lors se retira devant Ade-« nulphe et requist au pape qu'il l'*absousist* de « l'eveschié ». (Chron. de Saint-Denis.)

On trouve encore *absoudent* pour *absolvent,* au commencement du XVII siècle. « Quand on a plu-« mé la poule et le poussin, les pères de la so-

« ciété *absoudent* ». (Caquets de l'accouchée.)

Dans Renart le Novel, le héros ayant été excommunié par Tibert le Chat, au lieu de se plaindre, raille ainsi la censure cléricale :

> Que ferai ? on m'escumenie.
> Mangier ne porrai de blanc pain
> Sans talent, et se je n'ai fain.
> Et mes pos bolir ne porra
> Devant çou que fu sentira...
> Jamais jor ne vueil estre *assos*.
>
> (v. 6102.)

Comme le mot *absolvere* retentissoit continuellement dans l'eglise, il est probable que dès ces premiers tems, les hommes instruits prononçoient *absodre* ou *absoudre* plutôt qu'*assodre*. Jean de Meun, dans son Testament, a dit *absoldre* en parlant des confesseurs de gens riches :

> Larges sont de leur prendre, et larges d'eus *absoldre*.
>
> (Edit. de Méon, t. iv, p. 56.)

Dans le Roman de Perceforest : « J'ai l'intention
« de le celer jusqu'au vouloir d'une pucelle, en
« laquelle j'ai été jà pieça, et se j'estois *absous*
« d'elle, et que elle voulsist dire que j'eusse mis
« la chose à fin, à son vouloir, je feroye par con-
« seil, etc. ».

M. Legoarant a proposé d'admettre le prétérit *absolus*, qui est inusité, et il a cité à l'appui un passage de Montaigne. C'est ainsi que l'on dit : résolus, etc. Mais on n'a pas un grand besoin de ce prétérit, et d'ailleurs on peut être assuré que notre répugnance à l'employer vient de l'usage fréquent de l'adjectif *absolu*, dont le sens est tout autre, et avec lequel on n'a pas voulu le confondre.

ABSOUTE, s. f. C'est un terme de liturgie qui vient aussi d'*absolutio;* mais pour mieux distinguer ces deux enfans de la même mère, on a traduit le mot latin d'une autre manière. Ainsi, nous avons: créance, croyance, crédit; et nous avons rendu trois acceptions de *solutio* par : solution, solde et *soulte*. Voilà, dans notre langue, une richesse plus incontestable que tous les diminutifs dont les Italiens se pavanent.

Le mot est d'origine française ; les poëtes l'ont préféré souvent à absolution, même dans le sens de ce dernier mot. Ainsi Baïf :

> Puisse-tu forcené, courant de terre en terre
> Durant ta vie errer pour ton *absoute* quere ?

Et au XIVᵉ siècle, Eustache Deschamps, cité par Sainte-Palaye :

> Mais quant l'*absoute* est là pensée,
> De cuer et par confession,
> La coulpe est en remission.

ABSTENIR (s') v. n. réciproque. C'est le latin *abstinere*, avec cette différence que celui-ci n'etoit pas réciproque et comportoit même les deux régimes direct et indirect. On le trouve avec l'accusatif, avec l'ablatif et avec le génitif.

Il est, dans nos anciens auteurs, allégé de la consonne *b*. Charlemagne pleurant sur le corps de Roland :

> Amis Rollans, de tei ait Dex merci!...
> Carles se pasme ne s'en pout *astenir*.
>
> (Chanson de Roland. St. 203.)

L'auteur du Garin le Loherain, l'ecrit aussi de même :

> Et Biatris vint devers son mari,
> Durement plore ne s'en pot *astenir*.
>
> (Tom. ii, p. 88.)

Dans le Glossaire du XIIIᵉ siècle (n° 7692), *abstinere* est rendu par *abstenir*. Mais comme en d'autres ouvrages moins anciens, il semble pris absolument dans le sens d'empêcher, retenir :

> Je ne vous veulx point *abstenir*.
>
> (Blason des faulces amours.)

Robert Estienne, 1539, le donne sous sa dernière forme et dans son acception réciproque. Mais il n'avoit pas tardé à vieillir; au commencement du XVIIᵉ siècle, on le réveilla dans les conditions exactes du verbe latin, en lui ôtant l'escorte du pronom. Les seuls exemples donnés par Monet, en 1631, sont : *abstenir* ses yeux, — ses mains ; — faire *abstenir* quelqu'un de quelque chose. Aujourd'hui, l'on diroit : mes yeux *s'abstiennent*, au lieu de : j'*abstiens* mes yeux, ce qui pourtant seroit plus conforme aux lois de l'analogie.

ABSTINENCE, s. f. C'est le latin *abstinentia*. Il est français d'origine; seulement autrefois on supprimoit la seconde lettre et l'on ecrivoit et prononçoit *astenence*. Dans le Dialogue de saint Grégoire, traduit en 1212 :

> Icist servit Deu dès s'enfance
> Et si fut de grant *astenance*.....
>
> (Fᵒ 11.)

Dans le Roman de la Rose, *astenence-contrainte* est la personnification de l'hypocrisie. Mais *abstinence* est déjà dans le *Promptorium Parvulorum* de 1450 et dans Estienne. Le Dictionnaire français-latin de 1400, donne aussi l'adjectif *abstinent*.

ABSTRAIRE, v. act. C'est le latin *abstrahere ;* mais il faut remarquer qu'il n'eut jamais à Rome le sens figuré que nous lui prêtons aujourd'hui. Son usage est de notre tems presque borné aux matières d'algèbre et de philosophie. Car, dans le style ordinaire et dans la bonne compagnie, il vaut mieux employer distraire ; et quand celui-ci n'est pas assez fort, on se trouve bien de recourir à la périphrase : faire abstraction.

Le mot, ainsi déterminé, n'est pas ancien. Au moyen-âge, on rendoit *abstrahére* par *fortraire.* (Lexique du xiiie siècle.) Les ecrivains du xve et du xvie siècles le transportèrent, de leur propre autorité, dans la langue vulgaire, en lui laissant précisément la portée latine, celle de séparer violemment. Ainsi : « Mieux te vauldroit *abstraire* et « aler demeurer en aucun lieu solitaire ». (Triomphe des neuf preux.) —«La noble pucelle Cas-« sandre se veit *abstraire* par force hors du temple « de Minerve ». (Illustration des Gaules, liv. ii.) Dans la citation de Barlette, faite par les bénédictins continuateurs de Du Cange, il signifie encore seulement ravi, enlevé (raptus). « Ele-« vabatur sæpe â terra. Cum esset ad castrum so-« roris in camera fuit *abstractus* ». Toutefois, il n'est dans aucun dictionnaire du xvie siècle, ni dans le Monet de 1633, qui rend par distraire et distrait, toutes les acceptions d'*abstrahere, abstractus;* ni dans le Cotgrave de 1650, ni dans le Pomey de 1680. Richelet enfin l'a admis et Furetière l'a défini convenablement Ainsi : «*Abs-« traire,* faire une abstraction, un détachement « de toutes les qualités d'une chose, pour ne « considérer que son essence. Quand on raisonne « en algèbre, on *abstrait* la quantité, le nom-« bre de toutes sortes de matières et de sujets ». Peut-être Furetière ne le considéroit-il encore que comme un terme d'algèbre.

ABSTRAIT, e, adj. On l'emploie substantivement en philosophie scholastique, et d'une façon corrélative à concret. L'*abstrait* et le concret, c'est-à-dire, le séparé et le conjoint. Ainsi la raison voilà l'*abstrait ;* l'homme raisonnable ; cet adjectif est le concret.

On fait un grand usage aujourd'hui de l'idée *abstraite.* Mais je tremblerois de parler, avec l'Académie, d'un ecrivain, d'un philosophe *abstrait.* Cela ne peut répondre au philosophe dont les idées sont très-difficiles à pénétrer. Pourquoi perdre de vue le premier sens, et ne pas en faire naturellement découler toutes les acceptions admissibles ?

Dans les deux derniers siècles, on confondoit plus qu'on ne le fait aujourd'hui les deux sens de distrait et *abstrait.* Pelisson fut même un des premiers qui fit prévaloir le distrait. « On en 'voit « qui... par une forte application à leurs des-« seins, sont toujours distraits et ne portent en « aucun lieu la moitié de leur esprit ». (Discours sur les œuvres de Sarrazin.) Puis les synonymistes et les grammairiens sont venus, qui ont déterminé les nuances , et décidé, quand un homme etoit distrait , quand il etoit *abstrait.* Je crois qu'il vaut mieux se contenter d'être distrait. « On est *abs-« trait,*» dit l'Académie, «pour être trop appliqué « à une chose ». Je n'en crois rien. Quoi, 'pour être appliqué , vous serez entraîné hors, *abstrait, abstractus?* Ne recourrons donc au mot *abstrait* qu'en parlant des sciences, des idées, des qualités ; et dès qu'il s'agira des personnes, nous préférerons distrait. Si le mot enfin n'est pas assez fort, nous aurons recours à la périphrase : un homme perdu, absorbé dans les abstractions.

Abstrait n'est pas très-ancien dans la langue des gens du monde. Il fut créé par l'ecole : «*Ab-« stractum* est quod significat formam aliquam « cum exclusione subjecti, ut albedo; verbum « cum hujus notionis est, minimè latinum ». (Calepin, 1578.) De l'ecole , il s'est insinué dans la société, sous les auspices de Descartes et de Pascal. « J'avois passé beaucoup de tems », dit l'auteur des Pensées «dans l'etude des sciences *abstrai-« tes* ». Si les beaux parleurs du xvie siècle l'ont employé quelquefois, ce n'a pas été dans l'acception philosophique ; mais en le dérivant spontanément du verbe latin *abstrahere ,* ravi, enlevé ; voilà comment Cotgrave l'a enregistré en 1650. Furetière ne l'emploie que comme synonyme de distrait, réservant *abstract* pour répondre au sens philosophique, malgré les exemples de Pascal et les recommandations de Bouhours. «Cet « homme est *abstrait,* dédaigneux, rêveur, etc. ». Enfin l'Académie, dans sa première edition, a réuni les deux acceptions et les a ecrites indifféremment *abstract* et *abstrait.* Elle en cite pour exemple : «La quantité, c'est un terme *abstract*»; bien que Bouhours eût fait observer qu'*abstract* etoit un terme d'ecole et que ce n'etoit pas parler français.

ABSTRACTION, s. f. Ce mot n'est pas latin, et je crois qu'il a été précédé de ceux d'abstraire et abstrait, pris dans le sens philosophique. Seulement on avoit pu quelquefois y recourir, comme synonyme de rapt, enlèvement. Ainsi, Jean Lemaire, le plus grand néologiste du règne de Louis XII, a dit : « Achilles tenant à grande injure l'*abstrac-« tion* de sa concubine Briséis ». (Illustrat. des Gaules, t. II.) Mais cela n'a pas décidé les auteurs de lexiques au XVIe siècle à enregistrer *abstraction*, même dans l'acception dérivée du verbe latin *abstrahere*, et Cotgrave, qui l'a donnée, ne l'avoit peut-être vue que dans Jean Lemaire. Furetière l'a défini : « Détachement qui se fait par « la pensée de tous les accidens ou circonstances « qui peuvent accompagner un être, pour mieux « le considérer en lui-même ». Et c'est dans ce sens que l'abbé de La Trappe, cité par Trévoux, avoit dit : « Pour bien juger un homme, il faut « faire *abstraction* de tout ce qui nous peut « préoccuper ou pour ou contre lui. Rien n'est « plus digne de compassion que ces fanatiques... « qui, sous le prétexte d'être tout spirituels, « trouvent le secret de faire des *abstractions* et « des séparations qui n'ont jamais été imagi-« nées, etc. ».

On se perd dans les *abstractions*, quand on perd entièrement de vue l'application des idées générales que l'on poursuit. Mais il ne faut jamais dire qu'un homme a des *abstractions*, quand il a des distractions.

ABSTRACTIVEMENT, adv. Cette mauvaise locution devroit être laissée aux professeurs d'algèbre et de philosophie. Nous en avons obligation à Dalembert, et cela lui arriva en 1767, comme nous pouvons l'apprendre du grand Vocabulaire de Panckouke, publié d'abord sous les auspices avoués de Dalembert : « Quoique « ce mot », y lit-on, « ne soit dans aucun diction-« naire, il n'en est pas moins significatif », Belle raison ! « Et un de nos premiers ecrivains s'en « est servi dans un ouvrage publié cette année « (1767), le cinquième volume des Mélanges « de littérature, d'histoire et de philosophie, que « tout le monde connoit ou doit connoitre ». Ah ! Dalembert, nous vous y prenons, et vous nous rappelez la juste confiance de l'Amour :

> Qui que tu sois, voici ton maitre :
> Il l'est, le fut ou le doit être.

Regrettons que l'Académie ait, pour la première fois en 1835, accepté ce vilain adverbe.

ABSTRUS, E. adj. C'est le participe du latin *abstrudere*, enlever à la connoissance des autres. Il est un peu pédantesque, et quand il s'agira de sciences *abstruses*, de philosophes *abstrus*, on aura raison de préférer les sciences cachées, les philosophes impénétrables, obscurs, incompréhensibles, etc. Le mot est d'ailleurs d'une extrême dureté à cause de ces quatre consonnes à la suite l'une de l'autre. Dans le moyen-âge, on avoit reculé devant lui. Cependant il etoit assez en faveur au XVIIe siècle. « *Abstrus* », dit Nicolas Andry, 1689, « ne se dit que dans le style fi-« guré, et se dit avec grâce comme : La physique « est une science *abstruse* et profonde, où l'on « convient de peu de choses ». (Réflexions sur la physique.)

On le trouve, pour la première fois, dans Jean Thierry, 1564. Marquis, en 1609, y ajouta le féminin *abstreuse*, qui n'a pas fait fortune. Monet, en 1631, laisse *abstreuse*, mais le remplace par l'adverbe *abstrusement*, rejeté par Cotgrave et maintenu par Pomey, pour la dernière fois.

ABSURDE, adj. C'est le latin *absurdus ;* et nous l'avons transporté de l'argument scholastique *ex absurdo* dans la langue commune française. Il semble dater du milieu du XVIe siècle; car si le Jean Thierry de 1564 l'a enregistré, on le chercheroit en vain dans le Robert Estienne de 1539, et dans le Mathurin Cordier de 1550. Quant au lexique du XIIIe siècle, le mot latin y est rendu par : qui ne fait à *oïr*,

Jusqu'au XIXe siècle, cet adjectif ne s'est dit qu'à propos des choses; d'abord des raisonnemens, puis des opinions, et enfin de la conduite. Je crois avoir vu naitre l'acception : homme *absurde*, que je ne crois pas bonne. C'est M. Etienne qui fit dire le premier à l'un de ses baillis d'opéra-comique : « Aujourd'hui, je suis « *absurde* ». Cette saillie fit beaucoup rire; ailleurs, le même auteur ajouta : « Bailli, vous êtes « *absurde* », et de la comédie, l'expression passa dans le monde. Elle est aujourd'hui des plus fréquemment employée dans la conversation enjouée.

ABSURDEMENT, adv. Il répond à l'*absurdè* des Latins et n'est guère moins ancien que absurde, dans la langue française. (J. Thierry, 1564.)

ABSURDITÉ, s. f. Chose absurde. Le plus bel exemple qu'on puisse donner de ce mot, est au commencement de L'Esprit des lois. « Ceux qui « ont dit qu'une fatalité aveugle gouvernoit le « monde, ont dit une grande *absurdité;* car, quelle « plus grande *absurdité* qu'une fatalité aveugle « qui auroit produit des êtres intelligens » !

Il a été créé en français vers le milieu du XVIᵉ siècle; car le substantif *absurdité* n'a jamais existé dans la langue latine. Il est dans le Jean Thierry de 1564.

ABUS, s. m. C'est le latin *abusus*, pris d'abord dans le sens exact; puis dans un sens conventionnel dérivé de l'acception naturelle.

Abus est français d'origine. On rencontre les *abus* ou mauvais usages du monde, dans les poëtes du XIIIᵉ siècle; plus souvent les *abusions* et parfois les *abuzemens*, conservés dans Robert Estienne. *Abusion* etoit lui-même latin, mais restreint au langage grammatical. C'etoit la même figure que les Grecs nommoient catachrèse. Nous avons préféré dans nos ecoles le catachrèse à l'*abusion;* c'etoit en effet moins intelligible et plus solennel.

Gringóre a fait un poëme des *abus* du monde; il entend parler de ses déceptions. Un rimeur plus ancien a composé les *abus* du corps humain; il a voulu parler de ses déréglemens, de ses mauvais usages :

> Plus est servy et plus se plaint,
> Plus est noury et plus se faint.

Voltaire, dans le même sens, a dit avec un grand bonheur :

> Et de peur de l'*abus* vous défendez l'usage.

On trouve dans Pasquier, dans Furetière et dans bien d'autres à la suite, que le mot d'*abuz* fut introduit dans notre langue par Bertrand, evêque d'Autun, dans sa réplique au plaidoyer de Pierre de Cugneres. Cela n'est pas exact : l'evêque Bertrand put fórt bien, sans doute, tenter de justifier les torts et les iniquités qu'on reprochoit aux clercs; il put dire que tout au plus avoient-ils commis des *abus*, c'est-à-dire, un mauvais exercice de leurs droits; mais il n'a pas introduit le mot, il existoit avant lui. Il résulte seulement de l'exposition de Pasquier, que la réclamation de Pierre de Cugneres fut, en quelque sorte, le premier appel comme d'*abus;* bien que cette formule n'ait été consacrée que dans les dernières années du XVᵉ siècle.

Et pour la légende du marmot, placé dans le chœur de la cathédrale de Paris, en vengeance du plaidoyer de Pierre de Cugneres, il n'y a pas de fable plus ridicule. A l'angle, au coin de l'autel, se trouvoit une pierre dans laquelle on avoit pratiqué une incision, afin que les sacristains et bedeaux pussent aisément y eteindre leurs cierges. On l'appeloit la pierre du Coin ou Cognet. Que l'on ait depuis joué sur le mot, et qu'on ait dit Mᵉ Pierre de Cugnet, je le crois; mais quelle niaiserie de supposer que par vengeance de la plaidoirie de Pierre de Cugneres, « les ecclésias- « tiques aient fait mettre un marmot en un coin « de N.-D. de Paris, que nous appelons, par une « rencontre, Mᵉ Pierre du Coignet; n'ayant toutes « fois, par ce sobriquet, effacé le bien et utilité « que ce grand avocat du roi pourchassa, etc. ». (Pasquier, liv. III, ch. 27.) Comment les Gallicans ont-ils pu jamais se repaitre de pareilles fadaises !

De la corrélation de l'*usage* avec le mauvais usage ou l'*abus*, il résulte qu'il faut prendre garde de désigner l'ancienne monarchie française, comme le régime des *abus :* attendu qu'on ne peut guère comprendre une règle publique de déréglement, autrement pour le français, un régime d'*abus*. Il faut eviter aussi de parler avec les journaux d'un système d'*abus* organisé. On n'organise pas les excès dans l'usage de quelque chose, on ne fait pas un système de ces excès. Enfin, un système n'a pas le moindre besoin d'être organisé.

Robert Estienne, Jean Thierry, Pierre Marquis, ne donnent à ce mot d'autre acception que celle de tromperie ou déception, et c'est ainsi que Marot se plaignoit, en 1528, des *abus* de la Sorbonne :

> Que pleust à l'éternel
> Pour le grand bien du peuple désolé,
> Que leur désir de mon sang fust saoulé,
> Et tant d'*abus* dont ils se sont munis
> Fussent à cler découverts et punis.
> (Epitre au roi, ecrite de Ferrore.)

C'est la jurisprudence qui nous a rendu le sens de : mauvais et excessif usage. Les appels comme d'*abus* en ont fourni l'emploi le plus ancien puis les *abus*, en fait de législation et de justice. Aujourd'hui, c'est un mot fort à la mode, et tout le monde se plaint des *abus*, dans la crainte de n'y pas avoir assez bonne part. Mais avant de finir, je ne puis m'empêcher de relever la manière dont les auteurs du dictionnaire de Trévoux ont entendu le joli vers de Lafontaine :

Alléguer l'impossible aux rois, c'est un *abus*.

C'est-à-dire, que quand un roi veut quelque chose, il faut lui obéir, quand même la chose seroit très-difficile et paroîtroit impossible. Mais, Révérends Pères, si la chose est impossible, faut-il encore obéir? Vous ecriviez cela, je le sais, pour le prince de Dombes ; autrement, avouez que vous auriez mieux entendu votre La Fontaine.

ABUSER, v. n. Dans l'acception d'user avec excès, c'est l'*abuti* des Latins. « Quousquè tandem « *abuteris* Catilina, etc. ». Eustache Deschamps dit fort bien :

Las! aujourd'hui voy mainte créature
De ces cinq sens laidement *habuser*,
Et en user contre toute droiture.

Dans l'acception active d'egarer, de tromper, il est egalement latin, bien qu'il fût regardé comme vieux dès le tems d'Auguste. Terence, dans le Prologue de l'Andrienne : « Nam in scri-« bundis prologis operam *abutitur* »; c'est-à-dire, il trompe son etude, il emploie mal son travail. Et Plaute, dans l'Asinaria : « Ubi illa quæ dedi « ante? — *Abusa* sunt. Nam si ea durarent, nihil « mulier mitteretur ad te, nec te quicquam po-« scerem ». De même nous disons : c'est s'*abuser* que de croire. — Vous *abusez* le roi. — Vous *abusez* les peuples. On peut dire encore *abuser* les enfans; mais non *abuser* l'innocence des en-fans. En général, la forme active s'emploie pour les personnes, la forme oblique pour les cho-ses. Cependant on diroit *abuser* d'une fille, parce qu'on sous-entend toujours la foiblesse et l'inex-périence de cette fille. La forme elliptique est ici plus energique. Je dirois bien à mon ami : « Usez de moi comme vous l'entendrez »; mais on ne devra pas lui reprocher d'avoir *abusé* de moi; il faudra dire : d'avoir *abusé* de ma bonté, de ma religion, de mon crédit. La raison en est simple : je puis me vouer corps et âme au service de mon ami; usez de moi, comme vous l'enten-drez. Mais il y aura toujours en moi bien des choses dont mon ami ne saura tirer de parti. Il n'*abusera* donc pas de moi tout entier, mais de mon crédit, etc.

Villon a employé activement le mot *abuser* :

Elle estoit preste d'escouter...
Et me souffroit tout racompter,

Mais ce n'estoit qu'en m'*abusant*.
Abusé m'*a* et fait entendre, etc.
(Grand Testament. stances 56 et 57.)

Madame de Sévigné a dit gaîment de Pelisson qu'il *abusoit* de la permission qu'on a d'être laid. Et Rivarol, dans son Almanach des Grands Hommes : « C'est un grand avantage de n'avoir « rien fait; mais il ne faudroit pas en *abuser* ».

L'Académie cite un axiome de droit, fort con testable de toutes manières : « La propriété con-« siste dans le droit d'user et d'*abuser* ». Il n'y a jamais eu de droit d'*abuser*. Le droit est incompa-tible avec l'abus. Il faudroit donc : dans le droit d'user sans réserve; ce qui ne semble pas d'ail-leurs nettement prouvé.

ABUSEUR, adj. Suivant l'Académie, il est fa-milier et peu usité. Elle entend sans doute qu'il se dit peu, et qu'on ne l'emploie pas dans le style soutenu. Mais enfin, s'il est familier, de-vons-nous admettre qu'il puisse être peu usité? La vérité, c'est qu'il n'est pas familier. On le hasarde parfois, non sans grâce, à l'occasion d'un conteur de fleurettes : « Madame, défiez-vous de lui, c'est « un grand *abuseur* ». Au reste, il est de bonne race. On trouve au XIII⁰ siècle, les *indulgentia-rum abusores*. Joinville a parlé des *abuseurs* en leurs offices, et Du Cange cite une ordonnance de 1362 : « Se ledit *abuseur* d'offices avoit aucunes « choses prises, etc. ». Cotgrave l'a ecrit *abuséux*, d'après la bonne vieille prononciation.

ABUSIF, IVE, adv. Des tribunaux ecclésiasti-ques il est passé dans les tribunaux ordinaires, et de là dans le style commun. Mais je regrette que l'Académie ait choisi pour exemple : « Usage *abu-« sif* ». Un usage qui excède l'usage! Jean Thierry l'a, pour la première fois, insi-nué dans son edition de Robert Estienne de 1564; mais peut-être, comme Marquis, dans le sens uni-que de erroné, trompeur, car ils le rendent par le mot latin *frustrarius*. C'etoit déjà dans le même sens que le Grand Coutumier de France avoit parlé des couronnes *abusives* de certains faux clercs.

ABUSIVEMENT, adv. Je ne sais si la citation de l'Académie est suffisamment elégante : « Cet « homme a été *abusivement* emprisonné ». Il sem-ble qu'il vaudra toujours mieux dire : empri-sonné iniquement, ou, sans juste cause. Voyez d'ailleurs les excellentes critiques de M. Legoarant, sur l'usage que l'Académie elle-même fait de ce mot, dans plusieurs endroits de son dictionnaire.

Les Latins avoient *abusivè*. Il est, pour la première fois, dans le Jean Thierry de 1564.

ACABIT, s. m. L'analyse de ce mot est assez difficile. Réunissons d'abord quelques citations.

Je le trouve, pour la première fois, dans Villon, au dialogue de Mallepaie et Baillevent. Celui-ci, commençant à craindre la justice divine, dit à son compagnon :

> Se en cest malheur et labit
> Nous mourions, par quelque *acabit,*
> Ame n'y a qui bien nous face.
> (P. 454. edit. Prompsaut.)

Il paroît avoir ici le sens de prise, ou surprise; et, dans tous les cas, il ne sauroit répondre à la définition de l'Académie : « Qualité, bonne ou « mauvaise ».

Dans la citation suivante donnée par Trévoux, il est synonyme de complexion ou disposition naturelle.

> On s'en promet en vain quelque chose de mieux,
> Il est d'un *acabit* malfaisant, vicieux.
> Sur ce noir sauvageon c'est en vain que l'on greffe.

Vers la fin du XVIIᵉ siècle, Boursault l'avoit employé au féminin dans sa comédie des Fables d'Esope. C'est au 3ᵉ acte, scène III, quand la veuve d'un notaire vient faire l'etalage de ses qualités :

> L'époux dont je suis veuve etant mort conseiller.,..
> Rien ne m'est plus fâcheux que de m'encanailler.

> ESOPE.

> Et de quelle *acabie* etoit-il conseiller?
> Etoit-ce en robe longue, en robe courte, en rotte[1]?

> ALBIONE.

> Non, monsieur, il etoit conseiller garde-note.

Aujourd'hui on l'emploie d'une façon familière dans les cas suivans : cet homme est d'un bon *acabit,* d'un mauvais *acabit;* — cette viande est noire, c'est l'*acabit* de la bête. J'avoue que je n'ai jamais entendu dire d'une pêche ou d'une rave qu'elles etoient d'un *acabit* quelconque; mais l'Académie en corps a sans doute été plus heureuse, puisqu'elle affirme qu'on ne l'emploie guères qu'en parlant de fruits ou de légumes. Il y a, dit cependant encore Deslandes, dans son

[1] L'edition que j'ai, de 1700, porte *en botte,* c'est une lourde faute.

curieux Cosmopolite (1731), « des corsaires de « plusieurs *acabits;* ceux qui font le brigandage « au Levant, s'estiment les plus honorables ».

Je crois l'origine d'*acabit* provençale ou espagnole. Dans ces deux dialectes romans le verbe *caber* répond au *capere* des Latins. Le participe fait *cabito,* provençal; *cabido,* espagnol. Dans cette dernière langue, le participe féminin est devenu un substantif, et la *cabida* signifie faculté, capacité, bien-venue, ce que l'on prend en bonne part, ce dont on fait un usage avantageux. On peut admettre que *cabita* avoit à peu près le même sens dans tous les dialectes romans du midi. Et maintenant, admettez, ce que nous trouvons fréquemment, la réunion de la voyelle finale de l'article, avec la première lettre du féminin *cabida,* vous aurez l'*acabida,* la *bon'a cabida,* l'*acabie* de Boursault, c'est-à-dire, le mot qui nous occupe.

Les troubadours ont souvent employé *caber, cabit* et *cabido,* dans le sens de garnir, fournir, douer.

> E seretz mal e lay *cabits*
> De coissis et de siessadas.
> (Folquet de Lunel.)

> Si as molher de sen *cabida*
> Ama la com la tua vida.
> (Traduct. de Senèque.)

Sainte-Palaye propose pour *acabit,* la racine *cap,* tête, chef; les raisons qu'il donne sont insaisissables. Ménage, avec plus de vraisemblance, a lié l'origine du mot à celle du verbe *acaptare,* acheter; *acapitum,* achat. Mais on n'a jamais pris *acabit* dans le sens de droit d'entrée ou de premier achat, comme l'*acapitum* ou l'*acaptum* de la basse latinité. D'ailleurs, ces mots *acaptare* et *acaptum,* sont, dès l'origine, représentés par ceux d'*acat* ou *achapt,* et d'*acater* ou *achapter.* Comment donc auroient-ils produit simultanément *acabit,* dont le sens est tout-à-fait différent? Voilà pourquoi nous devons préférer l'origine méridionale du mot *acabit* ou *acabie,* la *cabida;* prisée d'une chose, manière dont on la prend.

ACACIA, s. m. Ce mot n'est pas ancien, ou du moins, avant le milieu du XVIIᵉ siècle, il avoit une autre acception à l'usage exclusif des epiciers et des apothicaires. Les Latins nommoient *acacia* un arbre epineux d'Egypte, dont il y avoit deux espèces. La première portoit un fruit noir : on en exprimoit le jus auquel on attribuoit des qualités astringentes. On faisoit un grand usage de ce jus dans les anciennes pharmacopées; mais en occident, on y substitua le jus des petites prunes sauvages ou prunelles. Dans le Grand Herbier du xv⁰ siècle, on mentionne l'*achacia*, seulement pour nous apprendre que « c'est jus de prunelles non « meures saulvaiges, et est faict ainsi : on cueille « les prunelles avant qu'elles soient mures et en « extraie-t-on le jus, puis on le seiche au soleil. « Le jus, ainsi séché, est appelé *açhacia* ».

Voilà donc ce qu'etoit au xvi⁰ siècle l'*acacia*. Au commencement du xvii⁰, il paroît qu'on rapporta d'orient la véritable recette, et dès-lors dans les pharmacopées, on eut soin de demander l'*acacia vera*, plus ordinairement encore désigné sous le nom de cachou, et non pas le jus de prunelle qui en tenoit lieu et qui en avoit usurpé le nom.

Calepin traduit le mot latin *acacia*, par : « espine « portant gomme arabic ». C'est qu'elle découloit en effet de ce buisson d'Egypte. Cotgrave est le premier, à mon avis, qui ait défini dans son dictionnaire les mots *acace* et *acacie*. « Certain thorny « plant... and a medicinal juice, drawn from the « seed of Egyptian thorn *acacia; in stead whereof,* « the German apothecaries both use and calle so, « *the juice of sloes* ». Mais on peut être assuré que Cotgrave avoit pris dans un livre de médecine ou de pharmacie ce mot, qui d'ailleurs n'etoit pas alors plus usité qu'aujourd'hui ceux de *mimosa*, de *ratanhia*, etc., etc.

Telle est l'histoire de l'*acacia* jusqu'au milieu du xvii⁰ siècle. En ce tems-là, Vespasien Robin, naturaliste et garde du Jardin-du-Roi, fit venir de Barbarie ou d'Amérique un grand arbre que les botanistes nommèrent aussitôt *acacia Robini*, ou *acacia* d'Amérique, ou bien encore faux *acacia*. Cet Adam des *acacias* français, fut mis dans le Jardin-des-Plantes. « Feu M. Robin », dit Ménage, « m'a souvent montré cet *acacia;* et il me « souvient qu'un jour en me le montrant, il me dit « que dans le tems qu'on l'apporta à Paris, on y « apporta aussi le premier marronnier d'Inde qui « ait été vu en France. Ce marronnier fut planté « dans un des jardins du Temple, où il est en- « core présentement [1] ».

Jusqu'ici nous ne devons à Ménage que des eloges; mais le père Bouhours, qu'il n'aimoit pas, ayant dit, dans ses Doutes sur la langue française, que le mot d'*acacia* nous etoit venu des pays etrangers avec l'arbre qui porte ce nom, Ménage se mit dans une grosse colère, en déclarant, comme le savoit d'ailleurs Bouhours, que le mot etoit latin, qu'il se trouvoit dans vingt auteurs, qu'il venoit du grec ἀκακία, formé d'ακα, par réduplication, etc., etc. Ne voilà-t-il pas de la belle erudition, à la suite de laquelle il convient cependant que le nom de l'*acacia* nous etoit venu de l'etranger en même tems que l'arbre ainsi nommé.

Le même Ménage vouloit que l'on dît des *acacia*. L'usage a été plus fort que Ménage et plus raisonnable. La terminaison est etrangère, j'en conviens, mais elle ne représente pas un pluriel latin, comme *errata*, et le mot lui-même n'offre pas la réunion de deux mots, comme les *à-parte*, les *fac-simile*, etc.

D'après ce qu'on vient de lire, la définition de l'Académie pourroit sembler peu satisfaisante : « Faux *acacia*, ou *acacia* blanc, ou simplement « *acacia*, arbre d'agrément, espèce de *robinier* à « rameaux epineux.... On appelle de même im- « proprement, *acacias*, quelques autres espèces « de *robiniers* cultivés, etc. ». En vérité, je ne vois pas pourquoi l'admission du mot *robinier*. Et si M. Robin a introduit en France le premier *acacia* d'Amérique sur lequel ont été greffé les autres, comment les *robiniers* ne seroient-ils plus, à proprement parler, des *acacias?* Voilà ce que c'est de dédaigner l'histoire des origines. Au lieu de déclarer l'*acacia* une sorte de *robinier*, ne vaudroit-il pas mieux remarquer que le *robinier* est une espèce d'*acacia?* Je m'en rapporte.

ACADÉMICIEN, ne. adj. Nom qui ne s'accorde pas aux membres de toutes les académies. Ainsi, le chanteur ou le danseur de l'Opéra, n'est pas un *académicien*. Ceux qui composent les académies des provinces, ou même de l'Académie parisienne de médecine, ne le sont guères davantage. L'usage réserve ce titre aux membres de

---

[1] Quand on divisa le jardin du Temple pour y bâtir des maisons, le beau marronnier fut réuni au petit hôtel construit pour l'abbé de Chaulieu, alors intendant du duc et du grand-prieur de Vendôme ; l'arbre s'elevoit au-dessus de tous les marronniers, ses enfans, et J.-B. Rousseau a parlé de leur frais ombrage dans une stance de sa belle ode à l'abbé de Chaulieu.

> Crois-moi : suis plutôt l'exemple
> De tes amis casaniers,
> Et reviens goûter au Temple
> L'ombre de tes marronniers.

C'est le *frigus captabis opacum* de Virgile.

l'Institut de France et des principales académies etrangères, comme celles de Berlin ou Péters-bourg.

Avant la fondation de l'Académie française, on appeloit *académistes* tous ceux qui faisoient partie des académies d'equitation, de jeux, ou même d'eloquence. Mais ce mot se prenoit le plus souvent en mauvaise part. Voilà pourquoi les adversaires de la nouvelle création de Richelieu se complurent long-tems à nommer ceux que le cardinal avoit choisi, les *académistes*. On sait que la méchante pièce de Saint-Evremont se nommoit la Comédie des *Académistes*. Mais les premiers immortels eux-mêmes se sont toujours donné le nom d'*académiciens*, en ayant soin de distinguer par *académistes* les professeurs et ecoliers des manéges et autres jeux d'adresse ou de hasard.

Dans le projet de réglement, voici quel etoit le cinquième article que la *modestie* du cardinal ne voulut pas tolérer : « Chacun des *académiciens* « promettra de révérer la vertu et la mémoire de « monseigneur leur protecteur ». C'est la première fois peut-être que fut ecrit ce mot. Aujourd'hui, nous n'avons plus d'*académistes;* nous nous contentons des *académiciens*.

On n'use qu'en raillant du féminin *académicienne*, bien qu'il y ait en Italie et à Toulouse des académies ouvertes aux femmes. « On a ajouté, « dit Basnage, un féminin en faveur de Mme Des-« houllières : l'Académie d'Arles lui a envoyé des « lettres d'*académicienne* ».

ACADÉMIQUE , adj. Les anciens n'avoient donné qu'un seul adjectif à l'académie. Ils disoient : un philosophe *académique* , aussi bien qu'un argument, une secte, un langage, une démarche *académique*. — En raillant, nous parlons du club *académique*, du pathos ou du verbiage *académique;* en bonne et en mauvaise part , des prix, des elections, des choix, des séances, des naïvetés *académiques*. Tout cela date du XVIIe siècle. Dans les séances de l'Académie des Inscriptions et Belles-Lettres, on a souvent, à tort ou à raison, remarqué que tels discours, telles expressions, telles observations, n'etoient pas *académiques*.

ACADÉMIQUEMENT, adv., d'une façon *académique*. Expression lourde et mal sonnante, qui

pourtant est déjà consignée dans la première edition de Furetière. Il faut l'eviter : la périphrase a bien meilleure grâce.

Mais je ne sais où Cotgrave, qui n'enregistre pas académie, avoit trouvé l'adjectif *académié*, dans l'acception de : abruti par l'etude, epuisé par l'excès du travail. « Besotted , or blundered « with too much skill or studying ».

ACADÉMIE , s. f. Lieu d'assemblée pour certains corps de littérateurs, de savans ou d'artistes, constitués dans l'intention de travailler et discourir sur des questions de grammaire, de sciences, de beaux-arts ou de belles-lettres. — Section de l'Université de France , administrée par un recteur, sous les ordres du conseil de l'Université. — Dessin exécuté d'après les modèles de l'Académie des beaux-arts.

Le mot *académie*, grec d'origine et que Cicéron nous a rendu familier, ne fut jamais oublié en France de la société lettrée. Alcuin et Charlemagne tenoient, dès le VIIIe siècle, une *académie*, c'est-à-dire, qu'ils aimoient à réunir dans une agréable maison certains beaux esprits, qui rappeloient alors, autant qu'il dépendoit d'eux, les exercices littéraires et philosophiques du fameux jardin d'*Academus*. Ces germes scientifiques ne paroissent pas avoir porté des fruits bien savoureux, et le tems n'etoit pas encore venu de donner à l'*académie* droit de bourgeoisie dans la société moderne. Pourtant, il se pourroit que cette fantaisie du grand empereur, d'un côté eût autorisé l'opinion qui le désigne comme fondateur de l'Université de Paris ; de l'autre, eût engagé les officiers de l'Université à gratifier leur *alma mater*, du nom d'*Academia parisiensis;* c'est-à-dire, de gymnase littéraire et philosophique, dans lequel les hommes les plus savans et les plus graves répandoient à pleines mains l'instruction libérale dont ils etoient la source. « Lutetia Parisiorum », disoit Robert Gaguin dès la fin du XVe siècle, « Christiani orbis celeberrima academia est »; ce qui vouloit dire, en bon français, que Paris etoit le siége de la plus fameuse ecole du monde chrétien. Mais cette expression ne fut jamais prise en langue vulgaire comme synonyme d'université, et les latinistes etoient seuls autorisés à s'en servir. Il est vrai que Calepin, dans son grand dictionnaire (edition de 1578), s'exprime ainsi : « *Academia*, nostro tempore vulgò usurpatur pro

« urbis parte in qua celebrantur studiorum gymna-
« sia; ut *academia* parisiensis quæ vulgò aequè uni-
« versitas dicitur ». Mais Calepin, en ne traduisant
pas ce vocable, nous avertit qu'il n'entendoit désigner ici que la latinité vulgaire. Quand plus tard
les *académies* littéraires furent instituées, on re-
nonça même à toute pensée de confondre l'*académie* avec l'université, et je trouve à ce propos,
dans le dictionnaire de Trévoux, une observation judicieuse. Larrey ayant cité l'*Académie*
d'Oxford, pour prouver qu'il etoit permis d'appliquer à des universités, à des colléges, le titre
d'*académie* : « Ce n'est pas là parler assez juste.
« M. Harris, qui donne une définition pareille,
« parle anglais, et explique ce mot en anglais.
« De même, en latin, on appelle *académie* ce que
« nous appelons université. Mais quand on ecrit
« en français, il faut distinguer ces deux choses...
« comme en effet l'usage les distingue ».

C'est par une sorte d'opposition avec l'Université et la Sorbonne, que Marot honore le
Collége de France, nouvellement fondé par François 1ᵉʳ, du titre d'*académie*. Epître au roi, écrite
vers 1528 :

> Autant comme eux sans cause qui soit bonne
> Me veut de mal l'ignorante Sorbonne.
> Bien ignorante elle est, d'estre ennemie
> De la trilingue et noble *académie*
> Qu'as erigée.

Cependant, dès la première partie du XVIᵉ
siècle, plusieurs savans, en Italie et en France,
concevoient l'idée de ces assemblées de gens de
lettres qui pouvoient rappeler quelque chose des
conversations philosophiques de la Grèce. Jean
Dorat, connu vulgairement des latinistes sous
le nom de Johannes Auratus, se voyant à la tête
de l'ancien collége de Cocqueret, sur la montagne
Sainte-Geneviève, résolut d'y tenir à jour fixe
une sorte de conférence poétique, qu'il appela
académie. « Ronsard », dit Claude Binet, son historien, « ayant sçu que Dorat alloit establir une
« *académie* au collége de Cocqueret, duquel on lui
« avoit baillé le gouvernement, ayant sous sa
« charge le jeune Baïf, il délibéra de ne perdre
« une si belle occasion et de se loger avec lui ».
Binet parloit ainsi vers 1587, mais alors et déjà
depuis long-tems le mot, avec cette application,
avoit fait fortune, comme tout ce qui venoit des
anciens, par l'intermédiaire de Johannes Auratus ;
c'est au point qu'en 1559, epoque de la première edition du Plutarque d'Amyot, cet excel-

lent ecrivain ne juge pas utile de l'expliquer
dans le passage suivant de la vie de Thésée : « Il
« y eut un nommé Academus.... auquel les Tyn-
« darides portèrent toujours grand honneur, tant
« qu'il vescut; et depuis, les Lacédémoniens ayant
« bruslé et gasté tout le reste du pays d'Attique,
« ne touchèrent jamais à l'*académie*, en l'honneur
« de cestui Academus ».

La pensée du vieux helléniste devoit porter ses
fruits. Antoine de Baïf, vers 1570, ayant proposé à
plusieurs poëtes de ses amis, déjà célèbres, de
former une sorte d'*académie* d'honneur, eclairée
par la pléiade de leurs beaux génies, l'idée fut
accueillie avec transport. On devoit tenir des
conférences auxquelles on auroit admis, comme
simples auditeurs, le public lettré; mais tous
les discours auroient été faits par les sept personnes, représentant la constellation dont on
avoit choisi le patronage. C'etoit Jean Dorat,
le maître de tous; Jean-Antoine de Baïf, le chef
de l'œuvre ; puis Jodelle, Ronsard, Joachim du
Bellay, Rémy Belleau, Ponthus de Thiard. Le
roi prit intérêt à la réunion : le 4 décembre 1570,
il signa des lettres-patentes autorisant la fondation d'une *académie* de deux sciences, la poésie
et la musique. Tel fut, en réalité, le premier Institut, les deux premières *académies* françaises.

Les troubles religieux, la mort de roi, l'indiffé-
rence de Henri III, furent autant d'obstacles à la
durée de cette illustre assemblée. « Antoine de
« Baïf », dit La Croix du Maine, « florit à Paris ceste
« année 1584; il a dressé une *académie*, laquelle
« est fréquentée de toutes sortes d'excellens per-
« sonnages, voire des premiers de ce siècle, la-
« quelle a esté discontinuée pour quelque tems ;
« mais lors qu'il plaira au roy de favoriser ceste
« sienne et louable entreprise, et frayer aux cho-
« ses nécessaires pour l'entretien d'icelles, les es-
« trangers n'auront point occasion de se vanter
« d'avoir en leurs pays choses rares qui surpas-
« sent les nôtres ».

L'*académie* de la Pléiade ne se releva pas;
mais le nom etoit généralement admis dans la
langue, et ce nom, synonyme de gymnase suprême, d'ecole sublime, etoit usurpé par une
foule de personnages etrangers au culte des lettres. On publia des livres, sous le nom d'*Académie*
de l'eloquence française, qui répondoient, je
crois, aux Leçons de littérature et de morale de M.
Noël. Un ecuyer fameux, nommé Pluvinel, ayant,

sous le règne de Henri IV, etabli un manége dans Paris, et offert d'enseigner l'art de monter à cheval, son enclos fut désigné sous le nom de l'*Académie* equestre; tous les jeunes gentilshommes, au sortir des mains de leur précepteur, se firent un devoir de suivre les leçons de cette *académie*, et l'on avoit presque oublié l'existence des autres et le sens général du mot, quand, vers 1630, les savans de Paris réveillèrent les souvenirs d'Antoine de Baïf, et bientôt après inspirèrent au cardinal de Richelieu la grande idée de l'*Académie* française. On la nommoit d'abord indifféremment, l'*Académie* des beaux-esprits, l'*Académie* d'eloquence et l'*Académie* eminente, par une double allusion à ce qui la distinguoit du manége de Pluvinel, et à la dignité du fondateur; mais, comme le remarque Pelisson, elle-même ne s'est jamais appelée que l'*Académie* française.

A l'exemple de l'*Académie* française, de l'*Académie* des belles-lettres, et de l'*Académie* des sciences, spécialement couvertes de la faveur royale, on vit bientôt naitre des *académies* de peinture, d'architecture, de médecine et de chirurgie; chaque province eut ses *académies;* chaque profession, pour ainsi dire, voulut être représentée par une *académie* plus ou moins ridiculement prétentieuse. Louis XIV avoit donné à la société de musiciens et de danseurs qu'il pensionnoit pour jouer des ballets et des opéras, le nom d'*Académie* royale de musique; ajoutons que par egard pour les trois *Académies*, française, des sciences et des belles-lettres, jamais ces artistes ne prirent et ne reçurent le nom d'*académiciens*.

Rien de tout cela ne devoit trouver grâce devant les réformateurs de 1792. Les *académies* s'evanouirent avec la monarchie; le nom cessa d'être appliqué. Bientôt, cependant, on se rapprocha de l'ancienne idée des associations littéraires et savantes. On erigea des athénées, des lycées, des musées, des prytanées. Enfin, la vanité des législateurs etant satisfaite par la suppression des noms, on rétablit les choses; et sur la proposition de Daunou et de Lakanal, on entreprit la fondation d'un Institut national, dont l'idée, sans doute, etoit empruntée à l'institut de Bologne; puisque, dans notre langue, ce mot, jusque-là, n'avoit exprimé que la règle ou la manière de vivre des congrégations religieuses, et en particulier des jésuites. Cet Institut,

chargé de conserver la tradition de toutes les hautes connoissances, et de récompenser toutes les grandes découvertes faites dans le domaine des sciences, des lettres et des arts, fut divisé en classes. La section qui répondoit à l'ancienne *Académie* française, devint ainsi classe de grammaire et de littérature. L'*Académie* des inscriptions et belles-lettres fut transformée en classe d'histoire et de littérature ancienne, etc. Ainsi l'on devoit croire que l'Institut national et ses classes garantissoient parfaitement la France contre le retour des *académies*. Cependant il n'en fut rien.

Après avoir créé l'Institut, il fallut penser au nécessaire, c'est-à-dire, à l'enseignement public. Comme on avoit gagné contre les idées républicaines quelques années et l'Empire, on ne recula plus devant un ancien nom, plus menaçant encore que celui d'*académie*. L'empereur décréta la fondation de l'Université impériale, et ne trouvant pas les *académies* dans l'Institut, où elles devoient être, il eut l'idée de les placer dans l'Université. Les *académies* remplacèrent donc les Universités provinciales: on en porta le nombre à vingt-six, toutes dirigées par autant de recteurs, sous la main du conseil-général de l'Université impériale, siégeant à Paris. Ainsi, tandis qu'on plaçoit des classes dans l'Institut, on décrétoit pour l'Université des *académies*. Après tout, l'important etoit de s'entendre sur le sens distinct des mots, et jusque-là l'on s'entendoit encore. Mais cela ne dura pas. En 1815, on jugea bien convenable de rappeler les noms anciens et glorieux d'*Académie* Française, d'*Académie* des Inscriptions et Belles-Lettres, d'*Académie* des sciences; mais si l'Institut reprit ses *académies*, l'Université garda les siennes, et de là une confusion bien réelle. Pour faire un changement convenable, il eut fallu rendre les noms d'Université de Montpellier, de Lyon, de Bordeaux, de Paris, aux divisions de l'Université de France; tout alors auroit marché droit; et puis, désigner comme *académies*, des établissemens chargés de distribuer les premiers elémens de l'instruction, c'est ôter au mot sa force et sa propriété.

Le bonhomme Dulaure, en sa qualité de conventionnel, détestoit sincèrement ce nom d'*Académie*. Voici comme il s'en explique dans son edifiante Histoire de Paris: « Cette dénomination, « appliquée à des établissemens d'une nature si

« différente, justifie le choix du mot Institut, sous
« lequel la convention nationale désigna la réu-
« nion des sociétés de sciences, de littératures et
« de beaux-arts. On ne peut, sans être pénétré
« d'un profond respect pour la routine, chercher
« à rétablir la dénomination prostituée et peu ca-
« ractéristique d'*académie* ».

Je réponds : 1° le mot d'institut n'avoit aucun
sens caractéristique; ou plutôt il avoit, avant 1796,
un sens tout différent de celui qui lui fut attribué
à partir de là : cependant la gloire répandue sur
ce nom a dû décider le gouvernement royal à le
conserver comme un titre de plus pour la France;
il a donc bien fait de le maintenir : mais il a bien
fait egalement de rendre aux diverses parties de
ce noble Institut de France, les noms fameux d'*A-
cadémie* Française, d'*Académie* des Belles-Lettres,
d'*Académie* des Sciences, et d'*Académie* des
Beaux-Arts. Il n'est pas un membre de l'une de
ces sections qui n'ait retrouvé ce vieux titre avec
orgueil, avec plaisir; sinon avec reconnoissance.
Eh! qui ne sent en effet qu'il est plus convenable
de signer l'un des quarante de l'*Académie* Française, que l'un des quarante de la classe de grammaire!

2° Le nom d'académicien semble plus sonore
que celui de membre de l'Institut, ou, comme
ecrivoit le botaniste Audran, *membrum Instituti*.

3° Le nom d'*académie*, qui a le sens de gymnase supérieur, n'est pas prostitué parce qu'on
l'applique à la plus fameuse société de musiciens
et même de danseurs. Que dirions-nous donc de
l'Institut, dont les orthopédistes se sont emparés,
et tant d'autres ?

On appeloit encore *académie* des jeux, les
maisons dans lesquelles on se piquoit d'enseigner
la théorie de tous les jeux d'adresse ou de hasard.
L'expression se prenoit en mauvaise part. Tenir
académie, c'etoit donner à jouer chez soi ; c'etoit
être brelandier.

Mais c'est par l'effet d'une ellipse plus hardie,
que la même expression est devenue familière
aux dessinateurs. Ils appellent *académies*, les des-
sins pris sur des modèles donnés ou adoptés par
les professeurs de l'*Académie*. Je crois voir l'origine de cette façon de parler dans un usage
de l'*Académie* de peinture, quand elle siégeoit
au Louvre. Elle entretenoit deux hommes bien
faits, pour servir de modèle et de démonstration
de la belle anatomie. Tous les jours, vers midi, on

les exposoit nus, durant deux heures, devant
les elèves, et dans les attitudes qu'il plaisoit d'indiquer au professeur en exercice. De là, on disoit
que le modèle posoit l'*académie*, et des elèves,
qu'ils faisoient l'*académie*.

Telle est l'histoire du mot. Aujourd'hui, l'usage
général désigne plus particulièrement, sous le seul
nom d'*académie*, l'*Académie* Française, soit à cause
de l'ancienne illustration de cette compagnie, soit
parce qu'en effet le public s'intéresse davantage
aux hommes qui se sont distingués dans la carrière
de la poésie ou de l'eloquence, qu'il ne fait aux
savans, aux erudits, aux artistes même. Dans le
choix du titre, on peut dire que MM. de l'*Académie* Française, de l'*Académie* des Belles-Lettres et
dé l'*Académie* des Sciences, préfèrent généralement celui de membre de l'*académie*, tandis que
MM. des Beaux-Arts et des Sciences morales aiment
mieux le titre de membre de l'Institut. Ce choix
n'est point calculé de part ni d'autre; mais on ne
peut s'empêcher de remarquer que ces deux dernières classes doivent en effet leur création aux
idées nouvelles; et, sans y penser, ils cèdent aux
inspirations de la reconnoissance en préférant
l'institut à l'*académie*. —Les membres de l'*Académie* Française sont encore désignés, par excel-
lence, MM. les Quarante; l'Un des Quarante.
Mais le dictionnaire nous semble avoir cité peu
judicieusement en exemple : « les Quarante *aca-
« démiciens* de l'*Académie* Française ». Car cette
phrase n'a, je pense, été jamais prononcée.

Le premier dictionnaire qui ait admis le sens
littéraire du mot *académie*, est celui de l'Anglais
Cotgrave; encore ne le trouve-t-on que dans l'a-
vertissement de James Howel, edition de 1650 :
« Hee also had a privat place in Paris called l'*Aca-
« démie des beaux-esprits*, where 40 of the choi-
« sest wits of France used to meet every monday,
« to refine and garble the french language of all
« pedantic and old words, as also of some super
« fluous consonants, and put such another dic-
« tionnary to light as Crusca in Italia ».

ACAGNARDER. L'Académie dit avec raison
qu'il s'emploie le plus souvent avec le pronom
personnel, et les anciens dictionnaires ne l'admettent pas autrement.

Jean Thierry (1564), suivi par Nicot, le rend
par *desidiæ cessatrici se dedere*. Trévoux, par *igna-
viæ aliquem tradere*, ce qui vaut mieux ; mais ce

qui ne répond pas encore à l'energie pittoresque d'*acagnarder*.

Les vers de Boisrobert, donnés pour exemple par Trévoux, ne sont qu'une extension badine de l'acception ordinaire :

> Il s'*accagnarde* au cabaret
> Entre le blanc et le clairet.
> Je m'*accagnarde* dans Paris
> Parmi les amours et les ris.

Les exemples de Sainte-Palaye sont mieux choisis : « Craignant », dit Pasquier, « de vous voir *acagnarder* au logis » ; c'est-à-dire, de vous voir livrer à des habitudes de paresse. — « Votre roi », dit Charles-Quint dans Brantôme, « n'a garde de s'*acagnarder* en oysiveté, ni aux plaisirs de sa cour » ; c'est-à-dire, de se vautrer comme un canard dans la bourbe de l'oisiveté et des plaisirs de la cour. Mais ici Brantôme est incorrect : *acagnarder* rendoit inutile : en oisiveté. On dit fort bien encore, et c'est même le meilleur emploi du mot : il s'*acagnarde* dans ses terres.

Acagnarder, on le voit, remonte pour le moins au XVIᵉ siècle ; s'il est plus ancien, je n'oserois l'assurer, n'en ayant pas encore trouvé d'exemple. Mais nous avions, au XIIIᵉ siècle, une famille de mots qui remplaçoit parfaitement celle des cagnards : je veux parler de truand, truanderie, truander, atruander. Voici, dans le Jeu du Mariage d'Adam de la Halle, un exemple excellent :

> De l'autre (d'Adam) qui se va vantant
> D'aler à l'escole à Paris
> Veuil que soit si *atruandis*
> En la compaignie d'Arras,
> Et qu'il souvlie entre les bras
> Se fame qui est molle et tenre...
> (Msc. de Lavallière, Nᵒ 81, fᵒ 47.)

Voy. CAGNARD.

ACAJOU, s. m. C'est un arbre qui croît en abondance dans plusieurs parties de l'Amérique, de l'Afrique et de l'Asie. Son nom, transporté en France par le voyageur Pison, ou par Thevet, dès le XVIᵉ siècle, est celui que les habitans des Antilles lui donnoient : *acaja iba*. Je le trouve enregistré pour la première fois, dans les additions de Basnage au Dictionnaire de Furetière, en 1708. Mais Basnage parle seulement de l'arbre, de ses fleurs, de ses feuilles et de l'usage de ses noix. Trévoux, edition de 1732, cite, le premier, quatre espèces d'*acajou*, le rouge, le blanc, l'*acajou* à planches et l'*acajou* à canot. Les derniers « sont des arbres

« propres à bâtir. Les Caraïbes en tirent souvent « ces grandes chaloupes qu'ils appellent py-« raugues (ou pirogues).... Le rouge est fort « facile à mettre en œuvre... Les armoires qui en « sont faites, donnent une bonne odeur aux ha-« bits et les préservent des vermines ».

D'après cet article, il sembleroit qu'on fit déjà en France, usage du bois d'*acajou* ; il n'en est rien, car si l'Académie, dans son edition de 1762, ecrit : « On donne aussi le nom d'*acajou* à diffé-« rens arbres d'Amérique ; mais ils sont fort dif-« férens de celui qu'on vient d'indiquer. Le bois « en est très-estimé ; on l'emploie dans la tablet-« terie et la menuiserie » ; le Grand Vocabulaire, en 1767, révoque en doute l'exactitude de l'illustre compagnie : « On prétend, dit-il, qu'il y a « diverses espèces d'*acajou* en Amérique, dont « on estime le bois pour la marqueterie et la « menuiserie ; mais cela ne nous semble pas « assez précis pour nous y arrêter ». Il ne faut donc pas, sur la foi du dictionnaire de l'Académie, faire remonter aussi loin l'usage du bois d'*acajou* en France. Il vaudroit mieux rechercher à quel ebéniste nous le devons réellement. Le mot lui-même, emprunté aux pauvres sauvages, est extrêmement joli, et Duclos, dès 1744, l'avoit senti, quand il choisit, pour un des contes qu'il faisoit ou déroboit, le titre d'*Acajou* et Zirphile.

ACANTHE, s. f. C'est une plante grasse dont les feuilles larges et hautes retombent en parasol sur leur tige. Nous devons la renaissance de ce mot latin aux architectes français de la fin du XVᵉ siècle, quand les voyages d'Italie eurent inspiré le goût des arts et des monumens antiques. On ne l'emploie guère encore dans le langage ordinaire, mais bien en poésie et pour indiquer le chapiteau corinthien. La plante qui semble avoir fourni l'idée des feuilles de ce chapiteau, n'etoit autrefois connue chez les apothicaires que sous le nom de *branque* ou branche d'ours, et c'est encore un nom très-usité, puisque l'Académie de 1762, dit de l'*acanthe*, « que c'est une plante qu'on « nomme branche-ursine », sans même ajouter : aussi. « Branque-ursine ». disoit le dictionnaire de Jean Thierry, en 1564, « est une herbe ainsi nom-« mée par les herbiers, patte-d'ours, par les jardi-« niers, pour la semblance que ses feuilles ont avec « les pieds de devant d'un ours. Les architectes la

« nomment vulgairement *acanthe* ». Voilà qui est bien; mais Charles Estienne, en 1536, *De re hortensi*, vouloit changer *brancam ursinam* en *brancam hircinam*. « Folia enim habet cornibus hir-« corum similia ». Sur ce point, je n'ai pas d'opinion particulière.

Dans le vocabulaire du xiiie siècle, *acanthis* est rendu par *aube-espine*.

Acanthe etoit un petit nom poétique, cher aux beaux-esprits du xviie siècle.

ACARIATRE, adj. L'Académie de 1762 le définit : qui est d'une humeur fâcheuse, aigre et criarde; puis aussitôt elle offre l'exemple : « C'est « une humeur *acariâtre* ». L'humeur est de trop dans l'exemple ou dans la définition.

Ce mot a perdu de sa force; il se prenoit autrefois pour maniaque insensé, furieux. *Acariastre*, dit le dictionnaire de 1564, *mente captus, insanus, furiatus*. Il en a été de même de *merencolieus* ou mélancolique, qui se disoit autrefois des fous bilieux, tandis qu'aujourd'hui il est peu de jeune homme aux prétentions poétiques qui ne se prévale de ses dispositions à la mélancolie.

Nicot dit aussi : « C'est un qui se gouverne par « furie et hors de toute raison ; aussi, lui adjoint-« on presque toujours ce mot fol, disant fol « *acariastre*. Peut-être qu'il vient de χάρι , *id est* « *caput*, comme si l'on disoit un homme sans « tête. Il peut aussi venir de saint Acaire, auquel « on mène telles gens en pélerinage ».

En effet, le plus ancien des pélerinages auxquels on attribuoit la vertu de guérir de l'extravagance ou *avertin*, etoit le village d'Aspres, près d'Arras, où l'on conservoit les reliques de l'evêque de Noyon, saint Acaire. Dans le Jeu du Mariage, composé par Adam de la Halle, vers 1260, les bourgeois d'Arras, taxés de folie, font leurs offrandes aux saintes reliques transportées dans les environs d'Aspres, par un moine qui promet en récompense une guérison plus ou moins prochaine.

Voici comme le moine s'exprime en arrivant :

Seigneur mes sires saint Acaires
Vous est chi venus visiter.
Si l'aprochiés tout pour ourer,
Et si mette chascun s'offrande ;
Qu'il n'a saint de ci en Irlande
Qui si beles miracles fache ,
Car l'anemi , de l'ome encache

Par le saint miracle divin,
Et si warist de l'avertin
Commnnement et sos et sotes,
Souvent voi des plus idiotes
A Haspres no moustier venir,
Qui sont haitié au despartir.

Telle fut donc l'origine et le premier sens du mot *acariâtre*, qu'on ne trouve pas dans les autres langues néo-latines, et qu'on ne peut reconnoître dans le grec αχαρίς, sans oublier qu'il ne répondoit pas à : mal gracieux, mais à : insensé. D'autres, il est vrai, le font venir d'ακαρη, sans tête; mais alors on auroit dit des *acharts*, des *acarts*, ou des *acairés*. Nous ne trouvons rien de pareil, au berceau de la langue française; mais bien le mal Saint-Acaire, et les gens qui vont à saint Acaire, ce qui nous rapproche beaucoup de nos *acariâtres*. Après tout, cependant, il se peut que le pouvoir de saint Acaire soit venu précisément de l'analogie de son nom avec le sans-tête des Grecs ; mais *acariastre* n'auroit pourtant pas, même dans ce cas là, d'autre origine immédiate que le pélerinage. Les femmes, surtout, se trouvoient bien de leur dévotion pour saint Acaire. Aussi, leur applica-t-on plus naturellement qu'aux hommes, la qualité d'*acariâtre*. Puis, comme le mot rappeloit de lui-même les deux adjectifs aigre et noir, *acer* et *ater*, le sens a dérivé, et les *acariâtres*, gens moroses, brusques et toujours mécontens de ce qu'ils entendent, se sont tellement multipliés, qu'ils ne s'imaginent plus être malades, et par conséquent ne vont plus à saint Acaire d'Haspres.

Cotgrave mentionne saint Acaire à cause de son pélerinage, et de plus *acariastreté*, qu'on avoit formé comme opiniâtreté.

ACCABLER, v. a. L'analogie orthographique de ce mot avec celui de câble, donne à penser naturellement qu'il en dérive et qu'il a par conséquent le sens propre : retenir avec de fortes cordes. Il n'en est rien pourtant.

Câble, et plus souvent *chable*, est un ancien mot peut-être conservé de la tradition celtique, et qui exprimoit l'état des grands arbres abattus. Un *chable* etoit donc un arbre renversé de son long auprès de ses racines. Du Cange en cite plusieurs exemples, d'abord dans le Cartulaire de Philippe-Auguste : « Milites debent habere firmarium suum « in nemore ad mortuum nemus et ad arbores ver-« sas sive chaable, et ad branchas volatiles, etc. ».

Puis, dans un statut de l'année 1402 : « Que sous
« ombre de caable ou autrement, l'on ne fasse
« vente de chesnes. — Aucuns cables, ou arbres
« abattus, ou secs » ? Enfin, dans le Trésor des
chartes, à l'année 1411 : « Le bois nommé caable,
« qui chiet par avanture ou est abattu par mal-
« faiteurs ou autrement ».

Câble ou *chable* exprimoit encore l'etat d'un
homme terrassé ; puis l'effet le plus ordinaire de
ce genre de violence, c'est-à-dire, les bosses et
les foulures gonflées. Ainsi, dans le Trésor des
Chartes, cité par Du Cange, à l'année 1480 : « Le
« suppliant bailla à celui varlet un cop de son epée
« sur la teste, sans lui faire aucun chable ne
« sang ».

De *chable*, *caable* et *câble*, on a fait aussitôt
chablaie, *chablis*, *caablis*, et *cablis*, c'est-à-dire,
abattis, et lieu couvert d'arbres abattus. Par extension, on l'a dit d'un champ de bataille couvert
de lances rompues et d'autres débris d'armures.
Ce vieux mot s'est conservé dans la législation fo-
restière, et figure à ce titre dans le complément de
la dernière edition de l'Académie, avec cet
exemple : « Il y a beaucoup de chablis dans cette
« forêt ».

Des grands arbres restés long-tems abattus,
vient egalement sans doute le nom propre du Cha-
blais, province de la Savoie, et de Chablis, ville
de la préfecture d'Auxerre.

Achabler ou *accabler* est donc proprement : faire
tomber sans force et renverser tout du long,
comme un chêne déraciné par la tempête. Du
Cange, ordinairement si judicieux, si perspicace,
ne semble pas avoir rapproché l'ancien *achabler*
du récent *accabler*, quand, après avoir parlé de
chable : « Hinc *achabler*, percutere, vulnerare.
« Trésor des chartes, anno 1423 : Raoulin vint au
« suppliant... *l'achabla* et tira à terre ». Mais ici,
déjà, je crois qu'*achabler*, synonyme de notre *accabler*, répond à : faire incliner violemment ; et
non pas à : frapper ou blesser.

Dans un ancien Coutumier de Normandie, cité
par Sainte-Palaye : « D'ung coup de paume cinq
« sols, d'ung coup de poing douze deniers ; de ba-
« teure à terre que l'on apelle *acabler*, dix-huit
« sols ». Cet exemple rend notre etymologie incontestable.

Il sera bon de s'en souvenir quand on emploie-
ra ce mot expressif. Je ne connois pas d'exemple
ancien de son acception métaphorique : on ne le

trouve, dans le dictionnaire de 1539, qu'avec un
exemple du sens propre : « Etre *accablé* de quel-
« que chose qui chiet sur nous ». Mais l'edition
de 1564, ajoute, pour la première fois : « *Accablé*
« de tristesse, *obrutus mœrore* ». C'est donc aux
ecrivains de la branche des Valois, qu'il faut attribuer la bonne extension d'*accabler*. Nicot, edition de 1609, ajoute le substantif féminin *accablée*,
qu'on n'a pas gardé.

ACCABLANT, ANTE, adj. D'un usage plus moderne encore que le substantif accablement. Je le
vois, pour la première fois, dans l'Académie de
1762.

ACCABLEMENT, s. m. ne semble pas remonter au-delà du XVII° siècle ; du moins n'en trouve-
t-on de traces ni dans Robert Estienne ni dans
Nicot ni dans Cotgrave. Je le remarque, pour la
première fois, dans le Monet de 1631, et rendu par
oppressio. De là l'*accablement* du pouls.

Voiture, cité par Basnage, a dit : « Je n'ai pas de
« ces heures de chagrin et d'*accablement* qui vont
« jusqu'à l'âme ». Cette phrase est d'un faux goût.
Quel chagrin en effet pourroit bien ne pas attein-
dre l'âme ? Mais, du moins, par *accablement*, il
entendoit cet abattement des facultés corporel-
les qui est du domaine de la médecine.

ACCAPARER, v. a. C'est retenir certains objets, en arrêter la vente, et, par extension, les
accumuler, les ôter pour un tems de la circulation commerciale, avec l'intention d'en elever
le prix naturel.

Ce mot ne doit pas être antérieur aux travaux
des economistes du XVIII° siècle. On le trouve,
pour la première fois, dans le Supplément au Trévoux de 1752, et son insertion dans ce volume
prouve qu'il n'etoit pas encore admis dans la
bonne compagnie. L'auteur de ce supplément
cite, d'après un ecrivain qu'il nomme en abrégé
De Rior, cet exemple : « N., célèbre partisan, *ac-
« caparoit* dans un tems de disette ».

Souvent, dans la conversation, on l'applique
à des objets etrangers au but commercial, et
je ne crois pas qu'il y ait de l'impropriété à
le faire, mais bien un défaut d'elégance, parce
que le mot, introduit par des théoriciens agri-
coles, n'a jamais, à cause de cela, pris rang dans
la bonne compagnie des mots français de race

ou de composition. Ainsi, dans les journaux politiques, on *accapare* les voix; non, sans doute, pour les revendre; ailleurs, on *accapare* toute la place devant le feu, ou devant une table. On *accapare* même un bel esprit que toute la société souhaiteroit d'entendre.

M. Charassin, dans son estimable Dictionnaire des Racines et Dérivés (1842), le fait venir de *cap*, tête, et de arrhes; mais le premier mot n'est pas français comme le second, et l'admission récente d'*accaparer* doit empêcher de recourir au mot latin *caput*. Il vient d'Italie, ou *caparrare* s'emploie pour arrher, arrêter, retenir, et de là naturellement *accaparer*, faire retenir. Cela doit donner à penser que les premiers *accapareurs* se contentoient d'arrher la marchandise chez tous ceux qui la possédoient, de manière à la tirer de la circulation. Or, si le mot est nouveau, la chose, grâce aux Juifs, doit être fort ancienne. En tems de disette, il ne fait pas bon d'être soupçonné d'*accaparer* les blés ou les farines. Les gouvernemens punissent cette action de la façon la plus sévère; c'est à eux seuls qu'ils en réservent l'exercice dans une foule de cas.

ACCAPAREUR, s. m., et adj. Il a été employé et reçu long-tems après le verbe accaparer, puisqu'on ne le trouve pas dans le grand Vocabulaire de 1767. Il pourroit bien ne pas remonter au-delà de 1789, alors que Mirabeau accusa le saint roi Louis XVI d'avoir fait rebrousser les farines destinées à nourrir Paris, et que d'autres furent soupçonnés de les avoir accaparées.

ACCAPAREMENT, s. m. Reçu en même tems que le verbe accaparer, c'est-à-dire, vers 1750. Il est lourd et on lui préfère avec raison le *monopole*; tandis qu'on dit mieux accaparer et même accapareur, que monopoliser et monopoliseur.

ACCÉDER, v. n. Ce mot est entièrement latin, ou du moins il répond parfaitement à l'un des sens du verbe *accedere*. « Voluntas vestra si ad poetam accessit », dit Térence dans le prologue de Phormion. Cependant il est nouveau dans la langue française; il fut introduit, au commencement du XVIIe siècle, dans le style des négociations, parce qu'il paroissoit moins fort que approuver et plus fort que permettre. Voltaire semble l'avoir tiré le premier des chancelleries, quand il a dit, dans

Charles XII : « Il fut stipulé que la guerre contre « les Suédois ne se feroit point en Poméranie... « Le roi de Pologne et le Czar *accédèrent* eux- « mêmes à ce traité ». Mais il ne parvint pas à le rendre familier; son origine diplomatique lui laissant je ne sais quel air solennel dont s'arrangent, mieux que d'autres, les avocats. Ces messieurs disent volontiers à leurs cliens : « Si vous « *accédez* à ma juste requête », etc., etc. Et les gens du monde disent mieux : si vous consentez, si vous approuvez, si vous le trouvez bon, etc. Ce n'est cependant pas la faute d'*accéder* qui est en lui-même un bonhomme de mot, comme eût dit le petit père André.

ACCÉLÉRATION, s. f. Plus anciennement employé peut-être que le verbe *accélérer*, mais dans le langage de la chicane et de la physique. Hors de là, on s'en sert rarement d'une façon élégante. Les médecins remarquent pourtant fort bien l'*accélération* du pouls.

ACCÉLÉRER, v. a. Nos ancêtres l'avoient trouvé trop long pour eux; ils exprimoient l'*accelerare* latin, par *haster*, dont on se contenta jusqu'au XVIIIe siècle; du moins, sous le règne de Louis XIV, n'admettoit-on l'*accélérer* qu'en termes de physique ou de pratique. Au barreau, l'on *accéléroit* une affaire; chez Gassendi, le mouvement des corps graves etoit *accéléré* dans leur chute; ailleurs, je le répète, on ne recevoit pas *accélérer*. « Ce mot », dit Nicolas Andry, 1689, « n'est pas assez estably; on dit néanmoins en « philosophie, l'*accélération* du mouvement ». La Touche, en 1710, parle à peu près de même : « Il est encore fort etranger. Il faut attendre à « s'en servir que l'usage l'ait plus naturalisé ».

Cependant, il faut avouer qu'il ne répond pas exactement à : presser ou hâter, et qu'il suppose une action commencée; on peut presser, hâter le départ, mais il n'est permis de l'*accélérer*, qu'aux entrepreneurs de voitures qui entendent par départ, une action habituelle et pour ainsi dire continue.

Nous nous servons beaucoup aujourd'hui du mot *accélérer*, et rarement d'une façon élégante. Ainsi, nous avons recours à des expédiens, à des moyens *accélérés*; nous avons des diligences *accélérées*, ou simplement des *accélérés*. Nous *accélérons* le moment de départ, etc., etc. Après tout, le mot en lui-même est fort bon : il n'a contre lui que son extrême jeunesse qui lui interdit les sentiers de la poésie.

ACCENT, s. m. C'est l'inflexion de la voix sur certaines syllabes, et le signe ecrit de ces inflexions.

Le mot *accent* est de la vieille roche : c'est l'*accentus* des Latins, auprès duquel il prend place dans le Lexique du xiii° siècle. Cependant, à ces epoques reculées, je ne pense pas qu'on en ait fait usage hors des classes de grammaire et de musique. Il apparut dans le beau langage à l'aurore de la Renaissance, c'est-à-dire, dans les ecrits des contemporains de Charles VIII et Louis XII. Ainsi, Jean Le Maire a dit, vers 1500 : « Les deux nations française et italienne sont « pour la plus grant part ennemies... par la « différence des mœurs et des coustumes, quant au « fait; et des *accens*, contenances et prononcia- « tions quant à la parole ». (La Concorde des deux langages.)

Pour les signes de l'*accent*, on les a d'abord introduits dans l'orthographe des mots grecs. Les erudits n'ont pas cru nécessaire d'en surcharger les syllabes latines; car le signe qu'ils ont adopté pour distinguer certaines conjonctions, comme *à*, *è*, *quò*, etc., n'est pas, à proprement parler, un *accent*, puisqu'il ne modifie pas la prononciation. C'est une façon de venir en aide à l'intelligence des lecteurs, et non pas de régler leur manière de parler.

Ces derniers signes etoient admis dans l'orthographe latine, quand vers le commencement du xvi° siècle, les grammairiens français, consi-dérant le grand nombre de nos syllabes muettes et de nos lettres parasites, résolurent d'introduire les *accens* dans l'orthographe française. C'etoit une idée très-heureuse et très-féconde en elle-même; malheureusement l'exécution ne fut pas, il me semble, aussi satisfaisante que possible.

Le premier défaut de la théorie fut de ne pas recevoir le mot *accent* pour ce qu'il etoit, une inflexion de voix, ou le signe de cette inflexion. Dolet, l'imprimeur, le définit : « Une imposition « de marcque sur quelque diction ».L'explication, suffisante pour le compositeur d'imprimerie, a le défaut de ne pas expliquer le motif de cette imposition.

Mais, disons-le hardiment, les signes qui ne modifient en rien la prononciation, ne sont pas des *accens*. Et cela posé, l'apostrophe indique-t-il une inflexion particulière? Non, sans doute. Ce n'est donc pas un *accent*, mais un signe d'e-lision purement graphique. Dans cet autre cas : je vais à Paris, le signe placé sur l'*a*, indique-t-il une inflexion différente de celle de l'*a* 3° personne du présent, j'ai? Non, sans doute; ce n'est donc pas un *accent*, ni en français ni en latin; c'est un signe purement graphique pour distinguer, dans les mêmes mots, un sens effective-ment divers.

Voilà ce que les grammairiens de la Renais-sance auroient bien fait peut-être d'eclaircir : ils auroient distingué par la forme, les signes gra-phiques de ceux qui devoient avoir de l'influence sur la prononciation. Mais aujourd'hui que l'usage à décidé sur leur parole, il seroit excessif de vou-loir ramener le mot *accent* à sa véritable expres-sion. Nous admettrons donc pour *accens* tous les signes dont on charge ou dont on accompagne les mots, à l'exclusion de ceux qu'on place à la fin, ou à la suspension des phrases, et qui forment la ponctuation. Ainsi, dans : bonté — frère — mai-tre — l'homme — haïr — dira-t-on — et façon, nous reconnoissons sept *accens* distincts; l'aigu, le grave, le circonflexe, l'apostrophe, le tréma, le trait d'union, et la cédile.

I. L'*accent* acut ou *agut*, dans le Robert Es-tienne de 1539, mais que Dolet nommoit déjà *aigu* en 1540, ne se met que sur les *e* fermés, c'est-à-dire, prononcés franchement et naturellement. C'est le plus utile de tous les signes du même or-dre; mais puisqu'il fut introduit comme signe distinctif de prononciation, il est fâcheux que sa forme ait tant de rapport avec celle de l'apostro-phe et du point-virgule. Ajoutons que l'emploi de l'*accent*, indiquant toujours une lacune dans le système graphique, il eût été convenable de ré-duire aux cas nécessaires la part de l'aigu; tout au contraire on l'a aggrandie. Voulant fixer la forme plurielle des noms terminés jusqu'alors indifférem-ment par un *s* ou par un *z*, on fit choix de la pre-mière de ces deux lettres à l'exclusion de la secon-de, *Z* etoit pourtant l'indice assuré de la pronon-ciation de l'*é* pénultième. Ajoutons que le son *z* est précisément celui que nous admettons à la ren-contre des voyelles. Vos qualités et vos agré-mens, se prononçant : vos qualité *zé* vo *z*agré-mens.

Cette exclusion du *z* dans les noms pluriels ne s'etablit pas sans discussion. Etienne Dolet en fut le promoteur : « Je te veulx advertir, » dit-il, « d'une mienne opinion : qui est que le *é* en noms « de pluriel nombre ne doibt recepvoir un *z*, « mais un *s*, et doibt estre marqué de son *ac-* « *cent*... Car *z* est le signe de *é* masculin au plu- « riel nombre des verbes de la seconde per- « sonne... Sur ce propos, je sçay bien que plu- « sieurs non bien cognoissant la virilité du son de « le *é* masculin, trouveront estrange que je repudie « le *z*, en ces mots : voluptés, dignités, et autres « semblables. Mais s'ils le trouvent estrange il « leur procedera d'ignorance et maulvaise cous- « tume d'escripre, laquelle il convient reformer « peu à peu ». (Les Accens de la lang. fr. 1540.)

L'*autorité* de Dolet en ce point ne prévalut pas sur l'usage. Ses contemporains ne semblent même pas y avoir souscrit, témoin Du Bellay : « Les vers de Virgile par lui prononcez estoient « sonoreux et graves; par autres, flacques et ef- « feminez... Les prez, ornez et tapissez, etc. » Témoins mesdames Des Roches, (Nouvelles Œuvres, 1583 :) « Vous recueillez soigneusement les « enfumées auctoritez ». Témoin Ronsard :

> Par les déserts de rochers *enfermez*
> Servir de proie aux lions *affamez*.

Cet usage se maintint au xviiᵉ siècle. Il fut consacré par Vaugelas, Chifflet et Regnier Desmarets; ce dernier, dans sa Grammaire française, observant même « qu'on devoit donner la préfé- « rence au *z* dans ce cas-là, non-seulement pour « se confirmer à l'usage, mais encore afin d'e- « viter l'emploi de l'*accent* aigu, l'*é* qui précéde « le *z*, etant nécessairement fermé. » Mais Furetière rompit un des premiers en bride à cette orthographe; puis au commencement du xviiiᵉ siècle, Rollin, dans le Traité des Etudes, se rangea du parti de Furetière, soutenant que Regnier avoit tort, et qu'en terminant les participes et les adjectifs pluriels, comme la seconde personne plurielle des autres tems, on risquoit de confondre les uns avec les autres : par exemple, les hommes *aimez* avec les hommes que vous aimez. A notre avis, le danger etoit peu grave; mais le xviiiᵉ siècle en a jugé autrement, il a substitué l'*s* au *z*, dans le pluriel de tous les noms et de tous les adjectifs. Il n'en est pas moins permis de regarder la théorie de l'abbé Regnier, comme un louable moyen d'esquiver l'*accent* aigu. Que n'en a-t-on cru le dictionnaire de Trévoux, qui disoit encore, en 1732 :

« Depuis quelque tems, bien des gens ecrivent « tous ces mots : estropiez, surannez, etc., avec « un *s* à la fin, au lieu d'un *z*, comme bontés, « au lieu de bontez; mais mal, parce que *és* ne « peut jamais produire le même son que produit « *ez* dans la bouche de ceux qui savent pronon- « cer. Il n'y a que les Gascons qui prononçent « venés, sensés, bontés, pour venez, sensez, « bontez ».

Règles générales à suivre : supprimez l'*accent* sur les noms propres, attendu que ces noms ont dû précéder l'usage des *accens*; et si votre père s'en est servi, assurez-vous qu'il a eu tort, et préférez à son exemple, celui de votre grandpère. — Evitez l'*accent* dans tous les cas où il n'est pas indispensable : par exemple, sur l'*e* initiale. Cet *e* ne se lie-t-il pas de lui-même à la consonne qu'il précède? Comment pourriez-vous prononcer d'une façon différente eglise, echaffaud, etude, etc., sans *accent* et avec *accent?* Abstenez-vous donc. C'est là un conseil dont je conjure les imprimeurs de faire leur profit : leurs ouvrages y gagneront de l'elégance et de la netteté.

II. L'*accent* grave ne modifie guère aujourd'hui, et ne modifioit jamais autrefois la prononciation. « On ne l'ecrit, » disoit encore Chifflet, en 1697 (Essay d'une parfaite grammaire), « que sur ces « trois mots : *où, là, à.* » Quand on le met sur la préposition *à*, c'est pour la distinguer de la 3ᵉ personne du présent du verbe *avoir*. Quand sur *où*, c'est pour distinguer cet adverbe de lieu de la préposition alternative, *ou*. Il en est de même en *dès*, ou depuis, qu'on ne veut que distinguer de l'article *des*. Comme signe de prononciation, il est aujourd'hui trop prodigué. Quel besoin a-t-on de lui pour deviner que dans père, le premier *e* doit se joindre à l'*r*, et former, par conséquent, le son *per?* de même frère, mère, caractère, etc. Mais on a bien fait de le placer sur : après, succès, décès, etc., tous mots sur lesquels on mettoit encore l'*accent* aigu au tems de Chifflet. Le premier grammairien qui semble avoir demandé l'emploi de l'*accent* grave sur les *e* ouverts, est, il me semble, La Touche, en 1710. (L'Art de bien parler français, t. I, p. 54.)

III. Le *circonflex*, ou circonflèxe, est moins un *accent* qu'un signe de la suppression de l'*e*, de l'*u*, et surtout de l'*s* dans les mots. « Il se met », dit encore Chifflet, « sur des syllabes longues,

« d'où l'on ôte l's ». Ainsi, même pour *mesme*, maître pour *maistre*. « Quand », dit ici très-bien Dolet, « un mot est divisé et diminué au milieu ; « puis les deux parties sont rejoinctes ensemble, « la division et réunion d'icelles est signifiée par « ledict charactere ». Sans doute, cette elision d'une lettre a pour résultat ordinaire de donner à la syllabe qui s'en est débarrassée, plus de force ; et sa présence annonce qu'il faut prononcer largement : paroître, maître, naître, etc. Mais il y a de l'ignorance et de l'impropriété à conclure de là qu'on puisse en saupoudrer toutes les syllabes qui se prononcent largement, comme *système*, *thême*, *gaîne*, *mâçon*, *pâille*, *Pâris* (nom propre), etc., etc. ; car dans tous ces mots il n'y a ni *s*, ni *e*, ni *u*, ni *t* de supprimé ; et si l'on veut s'entendre et diminuer les difficultés des définitions grammaticales, il faut s'en tenir à l'intention primitive de l'*accent* circonflèxe.

Au XVIIe siècle, on le considéroit si bien comme un signe d'elision pure et simple, qu'on l'admettoit ou qu'on le rejetoit dans la même page, suivant les accidens de la composition typographique. J'en vais donner un bel exemple pris dans l'epître dédicatoire de Ménage à Mlle de Scudery, en tête des œuvres de Sarrasin :

« Si j'ay », dit-il :

> « Si j'ay
> « de l'estime et de l'admiration
> « pour les qualités de *vostre* es-
> « prit, j'ay du respect et de la
> « veneration pour celles de *vô-*
> « *tre* ame, pour vostre bonté,
> « pour vostre douceur et pour
> « vostre tendresse. . . . . . .
> « . . . . et comme
> « la plus grande gloire de *vô-*
> « *tre* sexe, etc. ».

Nous avons vu une bonne définition du circonflèxe, dans Etienne Dolet ; mais l'application qu'il en faisoit ne répondoit pas à notre usage. Il vouloit qu'on le mît sur un mot réduit de trois voyelles à deux, pour marquer la réduction. Ainsi, pour *lai˜rra*, auparavant laissera ; pour *vrai˜ment*, autrefois vraiement, etc. Ce système ne fut que très-rarement suivi ; et quant à notre emploi du circonflèxe, il n'etoit pas opportun au XVIe siècle, puisqu'on traçoit encore dans les mots toutes les lettres dont il devoit plus tard marquer la suppression. Je ne vois de circonflèxe dans aucun livre du XVIe siècle, si ce n'est sur l'exclamation

ô, transporté de l'orthographe latine dans la française.

Enfin, il se fit jour vers le commencement du XVIIe siècle. Dans les Satyres du sieur Auvray, en 1628 :

> Comme il faut peindre d'un œil louche
> Une pâmoison sur la couche. . . .
> Comme il faut voûter les sourcils, etc.
> (P. 187.)

IV. L'apostrophe n'a pas de force dans la prononciation ; c'est un signe qui, pour eviter la rencontre de deux voyelles, remplace la voyelle finale de l'article singulier *le*, *la*, *de*, ou de la préposition *si*, ou de la conjonction *que*. On ne l'a marqué dans l'ecriture qu'après la seconde moitié du XVIe siècle.

V. « Le tréma », dit l'Académie de 1762, « se « dit d'une voyelle accentuée de deux points qui « avertissent que cette voyelle forme seule une « syllabe et ne doit pas s'unir avec une autre ». Il eût mieux valu dire que c'etoit un *accent* employé pour indiquer l'isolement d'une voyelle précédée ou suivie d'une autre voyelle ; comme dans naïf, ou dans Iambe. Mais depuis que l'on distingue la forme de l'*i* voyelle, de celle de l'*i* consonne, peut-être auroit-on dû rejeter le tréma dans Iambe et dans plusieurs autres mots.

VI. La cédile est un *accent* dont le nom est formé de l'espagnol *cedilla*, petit *c* ; elle sert à marquer que le *c* sous lequel on la place, doit être prononcé comme l's plein. Son usage n'est pas ancien, puisqu'on ne la voit pas encore dans le lexique de 1539. Celui de 1564, la place sous les lettres rondes, non sous les lettres *italiques* ; enfin Thierry, en 1609, la place sous tous les caractères.

Un mot sur le choix de ces adjectifs : *aigu* et *grave*. Au XVIe siècle, on nommoit aussi le premier *haut*, et le second *bas*. Le Nicot de 1609 semble même préférer l'*accent* haut et l'*accent* bas. Cependant on a bien fait de garder l'autre usage plus pittoresque, parce qu'il est emprunté comme le mot *accent* à la musique. Les *accens* aigus sont les *dièses* et les *accens* graves sont les *bémols* de la prononciation. Quelques grammairiens ont pensé que ce nom leur venoit de leur forme, plus ou moins verticale : c'est une erreur, il ne se rapporte pas au système graphique, mais à l'inflexion vocale dont ils sont la représentation.

Jusqu'à la fin du XVIIe siècle, on se contentoit

des *accens* de la voix. Au XVIIIᵉ, on a dit les *accens* de la joie, de la douleur, puis les *accens* de la passion. Diderot, cité par Alletz (Dictionn. des Richesses du Néologisme, 1770), a dit avec fort peu d'elégance : « Ils l'appelèrent dans les « *accens* de la douleur la plus sincère ». Il falloit du moins : avec l'*accent* de la douleur. —J.-J. Rousseau a mieux essayé : « Ces hommes (les co- « médiens) si bien exercés au ton de la galan- « terie et aux *accens* de la passion, n'abuseront- « ils jamais de cet art pour séduire de jeunes per- « sonnes ». Sous ce rapport, qui a fait le mieux ou le pire, des comédiens ou de J.-J. Rousseau ?

ACCENTUATION, s. f. Théorie des accens. Mot de fabrique nouvelle, et qu'on ne trouve pas encore dans l'Académie de 1762, ou dans le Grand Vocabulaire de 1767. Il est utile cependant, et l'on peut, dans l'occasion, s'en servir sans trop de scrupule. Cependant, au lieu de dire : votre *accentuation* est vicieuse, il vaudroit mieux : votre façon de prononcer, ou de marquer les accens. Passons donc, quand nous pouvons, à côté de l'*accentuation*, enfant de bonne famille, il est vrai, mais enfant dégénéré.

ACCENTUER, v. a. L'acception de : prononcer l'accent, n'est pas admise par l'Académie, ni dans le Grand Vocabulaire de 1767 ; cependant elle est usitée et doit paroître aussi régulière que l'autre. On trouve en effet, dans le Nicot de 1609 : « *Accentuer*, pour marquer et prononcer l'accent ». Et l'on dit d'une actrice que sa diction n'est pas assez *accentuée*, est mal *accentuée*. M. Legoarant, ordinairement mieux inspiré, applaudit à la réserve de l'Académie ; mais comme le sens de : « S'arrêter convenablement aux différens endroits « d'un récit, et lui donner une intonation conve- « nable », lui semble utile, il propose d'investir le mot ponctuer de cette acception. M. Legoarant ne s'est pas rendu compte du véritable sens du mot accent. De là sa méprise.

Dans le lexique du XIIIᵉ siècle, *accentuare* est écrit *accenter*. Mais l'orthographe actuelle a prévalu, puisque Jean Lemaire disoit déjà vers 1500 :

Là maint gosier barytonnant bondit,
Qui lay prononce ou Balade *accentue*,
Virelay vire, ou rondel arrondit
Maint Serventois là endroit se punctue,
Chant royal maint s'i chante et psalmodie
Brief ung chacun s'y peine et esvertue.
(Desc. du temple de Vénus. Œuvres, p. 384.)

On voit, par ces exemples, que c'est un bon vieux mot, quoique rarement usité avant les Dolet et les Ramus.

ACCEPTABLE, adj. Qui est fait pour être accepté. Beaucoup plus usité aujourd'hui qu'il ne l'etoit dans le siècle dernier ; cependant il a je ne sais quoi de bourgeois et de commis-voyageur. On trouve, il est vrai, *accetavle* dans les Sermons de saint Bernard, et *aceptable* dans le Bestiaire (Voy. Sainte-Palaye), mais c'est dans le sens de agréable. Jean Thierry et Nicot de même : « *Ac-* « *ceptable* et agréable : — gratus, acceptus ».

ACCEPTER, v. a. Il vient du latin *acceptare*, formé lui-même d'*acceptum habere*, avoir pour agréable. Cependant, malgré les définitions admises de : agréer ce qui est offert, il me semble qu'il n'a pas en français la même force qu'en latin ; car on *accepte* bien un présent, un défi, un blâme, une explication ; mais on les *accepte* même avec répugnance, avec dépit, avec douleur. L'Académie explique l'exemple : *accepter* un défi, par : s'engager à faire une chose dont on nous a défié. C'est à ne plus y rien entendre. Qu'est-ce qu'un défi ? L'avis que nous donne une personne de ne plus avoir *de fiance* en elle. Voilà pourquoi Furetière dit bien mieux : accepter le combat après un défi. On a dit encore, par extension : je vous défie de tenter, ou de faire telle chose, c'est-à-dire, si vous faites telle chose, je vous avertis de ne plus avoir *de fiance* sur moi ; car le défi emporte nécessairement l'idée d'une menace. Mais enfin, comment *accepter* un défi, auroit-il le sens de : s'engager à faire quelque chose dont on nous a défié ? s'engager envers qui ? Je préférerois donc : recevoir librement l'avis de se tenir en garde, ou : se soumettre en toute liberté aux conséquences de cet avis. Si, pour définir une telle façon de parler, vous n'avez pas egard au sens réel de défier, vous ne sortirez pas des nuages et des impropriétés de langage.

Accepter n'est pas français de roche, puisque le Lexique du XIIIᵉ siècle rend *acceptare* par : prendre à gré, et *acceptabilis* par : receptable. C'est la jurisprudence qui l'a fait admettre peu à peu. On le trouve déjà dans les Tenures de Littleton, citées par Sainte-Palaye. Le même linguiste rappelle un passage des Marguerites de la Marguerite, dans lequel *accepter* a le sens plus latin que français de accueillir, prendre en gré.

Venez à moy vous tous qui, par labeur,
Estes lassez et chargez de douleur,
Je suis celui qui vous *accepteray*.

ACCEPTATION, s. f. Il ne devroit pas se dire en dehors des tribunaux et des deux chambres législatives. Ainsi, l'*acceptation* d'une lettre de change, — d'une bulle, — d'une loi, — d'un traité, — d'une constitution, — d'une charte. Il seroit peu élégant d'envoyer son *acceptation* à un dîner, à un bal. On n'a parlé de l'*acceptation* législative que depuis la révolution de 1789.

Les juristes et les banquiers du XVI° siècle, ont d'abord fait *acceptation*, qui, peu à peu, s'est introduit timidement dans le monde où l'on est forcé de le tolérer d'assez bonne grâce. Je le trouve, pour la première fois, dans Cotgrave, 1650. Le Grand Vocabulaire dit que la dernière diphthongue de ce long mot, forme deux syllabes en poésie, *ti-on*. Cela peut être, mais qui jamais l'a rencontré dans un vers? Sur ce point, je m'en rapporte aux poëtes.

ACCEPTION, s. f. Avant le XVI° siècle, le mot juridique *acceptio*, dérivé d'*acceptus* et *accipere*, puis usurpé dans la Bible de saint Jérôme comme synonyme de : distinction, préférence, etoit rendu en français, tantôt par *recevance*, comme dans le Lexique du XIII° siècle ; tantôt par *recevement*, comme dans le livre des Misères de la condition humaine, XIV° siècle : « Il est commandé que, à « jugement faire, n'ait desevrement de personne « nulle ; ne ne recevez personne de nullui ; car « envers Dieu n'a nul *recevement* de personnes ». Tantôt, enfin, par *eslite*, comme dans la Bible des Pauvres, XIII° siècle : « En Deu nostre Seigneur « n'a point desloiauté, ne d'eslite de personnes ». « Nec personarum *acceptio* ». (Paralipomènes, liv. II, ch. 19, v. 7. Msc. de la B. R. 7268³ ³.) Mais vers 1500, on laissa vieillir *recevance* et *recevement*, qui n'exprimoient pas une recommandation assez précise ; autre chose etant de recevoir *après* ou *sans* avoir demandé, et la Justice ne demandant guère, mais acceptant volontiers. On prescrivit donc dans les sermons et dans les mercuriales, de n'avoir *acception*, de ne pas faire *acception* des personnes en justice. Et c'est une phrase que Jean Thierry, en 1564, a le premier reproduite dans son Dictionnaire. Cependant, *acception* ne fut guère admis dans le monde au XVII° siècle, et malgré la bonne définition de Monet,

vers 1630, Richelet ne l'avoit pas reconnu en 1680. Il a reparu dans Furetière, et depuis ce tems il a gagné plein droit de bourgeoisie.

Vers le milieu du XVII° siècle, les grammairiens introduisirent dans leur langue le mot *acception*, synonyme de : sens dans lequel un mot est pris. C'est encore Furetière qui, le premier, signala cette nouvelle *acception* de *acception*, mot harmonieux, utile, dans le double emploi qu'on en fait.

ACCÈS, s. m. Les mots latins *accedere*, *accessio* et *accessus*, n'ont pas été tout de suite reçus dans les langues vulgaires. Au lieu d'*accéder*, nos pères se contentèrent long-temps d'*approcher*, et d'*aerdre* ou adhérer. Au lieu d'*accessio*, ils employoient approche ou approchement, comme porte le Lexique du XIII° siècle. Cependant, dès ce tems-là, je pense que les médecins désignoient la crise fébrile par le mot *accès* ; du moins le trouve-t-on déjà dans la traduction faite au XIV° siècle du *De rerum proprietatibus*. « Quant vient la « fievre quartaine.... le poil se herice et y vient « le froit.... et tient l'*accés* par vint quatre heu- « res... ». (Liv. VII, ch. 39.) Puis, dans les tems plus rapprochés, c'est-à-dire, à partir de la Renaissance, on etendit l'acception médicale ; et l'on eut des *accés* de colère, — de bile, — de frénésie, — de mauvaise humeur ; mais, dans tous ces cas, le mot conserve le souvenir de son origine : la colère, la bile, l'humeur, etant des affections du corps aussi bien que de l'âme. On va plus loin depuis le XVIII° siècle, on a des *accés* de dévotion, — de générosité, — de lésine, etc. ; mais c'est encore l'atteinte ou l'abord d'une sorte de crise ; c'est toujours le latin *accessio*, car on ne voit pas que pour désigner les retours de fièvre, les Romains aient admis indifféremment *accessus* et *accessio*.

Les latinistes de la fin du XV° siècle etendirent de leur côté le sens du même mot. Ils parlèrent de l'*accés* facile ou difficile d'une côte ; ils eurent *accés* à quelqu'un ; ils furent d'un *accés*, ou d'une entrée facile envers aucun. Cette synonymie de l'abord est enregistrée dans le Robert Estienne de 1539, et dès lors, l'usage de l'*accés* a été fixé.

Il a pourtant encore un troisième sens emprunté au latin de terre papale. On y appelle *accessio* l'addition au second tour de scrutin des voix perdues au premier tour, pour avoir été trop isolées : c'est l'effet de notre *ballotage*. Dans les conclaves, tel cardinal qui d'abord a eu assez peu de voix, a été nommé pape *per accessionem ;* et depuis Louis XIV, nous rendons ces deux mots de procès-verbal par ceux-ci, *à l'accès*. Mais je le répète, il n'est usité qu'en matière de conclaves.

ACCESSIBLE, adj. Il est nécessairement moins ancien que accès, synonyme de abord ou approche ; et c'est dans le Jean Thierry de 1564, qu'il se montre pour la première fois. C'est un beau et bon mot ; moins harmonieux, moins poétique cependant que son contraire, *inaccessible*. On dit d'un homme puissant, qu'il se montre *accessible ;* d'une plage, ou d'une montagne, qu'elle est *accessible ;* mais il faut bien se garder de dire que cette plage est d'un abord *accessible* ou *inaccessible ;* comme on l'ecrit aujourd'hui fort souvent. Autant vaudroit : d'un abord abordable.

ACCESSION, s. f. Il est encore plus nouveau que le verbe dont il dérivoit en latin, puisqu'il n'est pas dans le supplément au Trévoux de 1752, et qu'il est pour la première fois dans l'Académie de 1762. Il faut en réserver l'emploi pour exprimer des consentemens de haute conséquence.

Les Latins ne semblent pas avoir donné à leur *accessio* le sens que nous lui reconnoissons aujourd'hui ; mais les gens de robe le disoient depuis long-tems chez nous, comme à Rome, de l'action de se rendre dans un lieu, et de joindre une chose à une autre. Ainsi, l'on devenoit propriétaire par droit d'*accession ;* cela etoit emprunté à la jurisprudence romaine. Mais dans le monde on ne soupçonna l'existence de l'*accession*, qu'à la suite des lettres de bourgeoisie accordées au verbe diplomatique *accéder*.

ACCESSIT, s. m. L'usage de ce mot latin (approcha) doit remonter à la fin du XVIe siècle, et j'en ferois volontiers honneur aux Jésuites qui, les premiers, ont institué les distributions de prix dans leurs maisons d'education. La nouvelle Université semble renoncer à ce mot ; car, dans ses proclamations, elle dit : «Ont le plus approché du « prix, MM.... » C'est la même chose ; mais pourquoi cette périphrase? le latin, par hasard, blesseroit-il la bouche de ces messieurs? Allons donc ! L'Académie des Beaux-Arts n'a pas été si scrupuleuse ; et après ses premiers prix, ses deuxièmes

premier prix, ses premiers second prix, elle a soin de réserver encore des *accessits*.

ACCESSOIRE, adj. Il est plus ancien que accessible, et doit avoir retenti dans les avenues du Palais et de l'Université, dès qu'on eut ouvert la petite porte aux langues vulgaires. D'ailleurs, il ne se lie aucunement aux sens de accéder, de accès, ou de accessible ; mais bien à celui de accession, ou appendice. Il répond donc à : secondaire, ce qu'on ajoute à l'objet principal. Le *petitorium* et l'*accessorium* ont joué, dans les combats scholastiques, un bien grand rôle. Les Provençaux l'avoient accueilli dès le XIIIe siècle, et Raynouard cite du *Leys d'amor :* « So que es principal deu es- « ser devan son *accessori* ». Je crois que la langue d'oui le reçut plus tard ; mais enfin, au XVIe siècle, il etoit admis sans contrôle, et Robert Estienne traduit « estre *accessoire* et se donner parmi « le marché », par le verbe *accedere*. Jean Thierry, en 1564, ajoute un sens particulier, celui de : cas fortuit, incident fâcheux. L'Académie de 1694, tout en tenant compte de cet exemple, a déclaré qu'il n'etoit plus usité, et peut-être ne l'avoit-il jamais été. Comme remplaçant de secondaire, *accessoire* est aujourd'hui reçu, sinon dans la langue populaire, au moins dans celle des salons, et les dames mêmes le prononcent avec une grande facilité. Pourtant elles feroient bien de lui préférer secondaire, dont on devine le sens sans avoir besoin de savoir le latin. Il n'est, à mon avis, parfaitement bien que dans la langue des arts : les *accessoires* d'un tableau ; sacrifier l'*accessoire* à la figure principale, etc. Dans ce cas, il est substantif.

ACCESSOIREMENT, adv. Croiroit-on que ce mot, repoussé par tous les rédacteurs de dictionnaires, par Robert Estienne, par Nicot, par Richelet, par Furetière, par Trévoux, par l'Académie ; par le facile et généreux Grand Vocabulaire, ce mot est français presque d'origine! Il n'y a vraiment que le bon Anglais Cotgrave qui l'ait, avant Boiste, recueilli ; et cependant il etoit admis dans la langue provençale, dès le XIIIe siècle, puisque M. Raynouard en signale deux exemples de cette epoque ; la première, dans une charte de l'an 1283, *accessoriament ;* la seconde, dans le *Leys d'amor :* « Non es vicis *accessoriamen* ». Je crois qu'il n'a pas cessé d'être usité depuis le XIVe

9 782014 049091